Assistentes Sociais e Religião

UM ESTUDO BRASIL / INGLATERRA

EDITORA AFILIADA

Dados Internacionais de Catalogação na Publicação (CIP)
(Câmara Brasileira do Livro, SP, Brasil)

Simões Neto, José Pedro
    Assistentes sociais e religião : um estudo Brasil/Inglaterra /
Pedro Simões. — São Paulo : Cortez, 2005.

    Bibliografia.
    ISBN 85-249-1185-9

    1. Assistência social - Brasil - Aspectos religiosos 2. Assistência
social - Inglaterra - Aspectos religiosos 3. Serviço social - Brasil -
Aspectos religiosos 4. Serviço social - Inglaterra - Aspectos
religiosos I. Título.

05-8967
                            CDD-361.942
                                -361.981

Índices para catálogo sistemático:
1. Brasil : Assistentes sociais e religião : Bem-estar
   social   361.981
2. Inglaterra : Assistentes sociais e religião : Bem-estar
   social   361.942

PEDRO SIMÕES

Assistentes Sociais e Religião

UM ESTUDO BRASIL / INGLATERRA

1ª edição
1ª reimpressão

ASSISTENTES SOCIAIS E RELIGIÃO: um estudo Brasil/Inglaterra
José Pedro Simões Neto

Conselho editorial: Ademir Alves da Silva, Dilséa Adeodata Bonetti, Maria Lúcia Carvalho da Silva, Maria Lúcia Silva Barroco e Maria Rosângela Batistoni

Capa: DAC sobre foto da Biblioteca Britânica fornecida pelo autor.
Preparação de originais: Ana Paula Takata
Revisão: Maria de Lourdes de Almeida
Composição: Linea Editora Ltda.
Secretaria editorial: Flor Mercedes Arriagada
Assessoria editorial: Elisabete Borgianni
Coordenação editorial: Danilo A. Q. Morales

Nenhuma parte desta obra pode ser reproduzida ou duplicada sem autorização expressa do autor e do editor.

© 2005 by Autor

Direitos para esta edição
CORTEZ EDITORA
Rua Monte Alegre, 1074 — Perdizes
05014-001 — São Paulo-SP
Tel.: (11) 3864-0111   Fax: (11) 3864-4290
E-mail: cortez@cortezeditora.com.br
www.cortezeditora.com.br

Impresso no Brasil — novembro de 2013

Aos meus pais: Lígia e Marcus;
Aos meus irmãos: Suzi, Ciça e João;
A Helo e Marcelinho;
Aos meus amigos de perto e de longe, desta e de outras paragens;
Ao amor da minha vida: Luciana Zucco.

Siglas e Abreviaturas

AASSW	American Association of Schools of Social Work
	(Associação Americana de Escolas de Serviço Social)
ABESS	Associação Brasileira de Ensino em Serviço Social
ABEPSS	Associação Brasileira de Ensino e Pesquisa em Serviço Social
AS	Assistente Social
CA	Centro Acadêmico
CBAS	Congresso Brasileiro de Serviço Social
CBCISS	Centro Brasileiro de Cooperação e Intercâmbio de Serviços Sociais
CCETSW	Central Council for Education and Training in Social Work
	(Conselho Central para Educação e Treinamento em Serviço Social)
CELATS	Centro de Estudos Latino-Americanos em Trabalho Social
CFESS	Conselho Federal de Serviço Social
CNBB	Conferência Nacional dos Bispos do Brasil
COS	Charity Organization Society
	(Sociedade Organizada de Caridade)
CRESS	Conselho Regional de Serviço Social
DC	Desenvolvimento de Comunidade
DIEESE	Departamento Intersindical de Estatística e Estudos Socioeconômicos
ESS	Escola de Serviço Social
IASSW	International Association of Schools of Social Work
	(Associação Internacional de Escolas de Serviço Social)
IBGE	Instituto Brasileiro de Geografia e Estatística

IUPERJ	Instituto Universitário de Pesquisa do Rio de Janeiro
JUC	Juventude Universitária Católica
LSE	London School of Economics and Politics
	(Escola de Economia e Política de Londres)
MDX	Middlesex University
MEB	Movimento de Educação de Base
NASW	National Association of Social Work
	(Associação Nacional de Serviço Social)
PNE	Pesquisa Nacional de Empregos
PT	Partido dos Trabalhadores
SAR	Serviço de Assistência Rural
SUDAM	Superintendência de Desenvolvimento da Amazônia
SUDENE	Superintendência de Desenvolvimento do Nordeste
SW	Social Work(er)
	(Serviço Social/Assistente Social)
UCISS	União Católica Internacional de Serviço Social
UERJ	Universidade Estadual do Rio de Janeiro
UFJF	Universidade Federal de Juiz de Fora
UFRJ	Universidade Federal do Rio de Janeiro
XCBAS	X Congresso Brasileiro de Assistentes Sociais

Sumário

Introdução 11

PARTE 1. DOS FUNDAMENTOS

CAPÍTULO I — Religião aqui, lá e acolá 27
   1.1 O caso inglês e o protestantismo 30
   1.2 O caso brasileiro e o catolicismo 37
   1.3 Considerações sobre a presença da religião no Serviço Social 43
       1.3.1 Experiências internacionais 44
              Surgimento do Serviço Social 44
              O problema do *expertise* e as fronteiras com o voluntariado 49

CAPÍTULO II — Fundamentos religiosos da assistência social 57
   2.1 A afinidade entre católicos, protestantes e a assistência social 57
   2.2 Outras afinidades 63
   2.3 A profissão como valor 65
   2.4 Valores religiosos como forma de conduta 69

PARTE 2. MOTIVAÇÕES E DISTINÇÕES

CAPÍTULO III — Só é arquiteto quem sabe desenhar 81
   3.1 A vocação profissional no relato dos assistentes sociais 82
       3.1.1 Família religiosa 84
       3.1.2 Formação religiosa 86

3.1.3 Conhecimento prévio da profissão	91
3.1.4 Motivações e expectativas	95
3.2 Profissão da ajuda?	102
3.3 Considerações sobre a ajuda social	107
CAPÍTULO IV — Professor, eu sou cristão!	110
4.1 Características de distinção do Serviço Social	112
4.1.1 Características pessoais	112
4.1.2 Motivações e valores	114
4.1.3 Distinções cívicas	118
4.1.4 Distinções religiosas	120

PARTE 3. VÍNCULOS E NEXOS NA TEORIA E NA PRÁTICA

CAPÍTULO V — A importância da religião	129
5.1 Importância para os assistentes sociais	130
5.2 Importância para os autores de Serviço Social	138
5.2.1 Para os ingleses	138
5.2.2 Para os brasileiros	144
CAPÍTULO VI — Religião na prática do Serviço Social	157
6.1 Só no Brasil/Só na Inglaterra	161
6.2 A religião na prática dos assistentes sociais	164
6.2.1 Complementariedade entre trabalho religioso/ voluntário e profissional	164
6.2.2 A fé do profissional como recurso para a prática	165
6.2.3 Valores religiosos e assistenciais	167
6.2.4 Busca da imparcialidade	169
6.2.5 Abordagem holística	174
6.2.6 Prática da oração e de rituais religiosos	176
6.2.7 Trabalho útil e valorizado como um ato de amor	179
6.3 Outros temas	181
6.3.1 Críticas à aproximação religião e assistência	181
6.3.2 Religião na educação do Serviço Social	184
Implicações e últimas considerações	191
Bibliografia	201

Introdução

Este trabalho envolve temas corriqueiros e cenas que compõem o dia-a-dia de qualquer grande cidade. Crianças de rua, ex-detentos, adolescentes grávidas, minorias étnicas, refugiados, costumam estar "de um lado do balcão", solicitando o que se chama de "serviços sociais". Nem sempre a solicitação é direta, como no caso de jovens cujas condutas ofendem a lei. No entanto, os mecanismos de ajuste e controle social terminam por colocá-los, assim como os demais, frente a frente com agentes que estão, ou deveriam estar, prontos para a realização de um trabalho de integração (inserção) social.

No limite, em todo grande centro urbano, existem grupos que, por razões diversas, não têm acesso às instituições que são promotoras de moralidade social e que dão à sociedade uma dinâmica funcional. Nestes casos, mecanismos integradores são viabilizados, especialmente, para abarcar estes setores da sociedade.

Tanto as políticas públicas quanto as agências de assistência privada são instrumentos viabilizadores de tais iniciativas. Por vezes, Estado e setor privado desenvolvem atividades conjuntas; em outras circunstâncias, cada um dos dois ocupa e viabiliza atividades com finalidade e público-alvo próprio. Tanto em um quanto em outro caso, o trabalho feito por ambos os setores torna-se complementar.

A assistência prestada por estes agentes de serviços sociais tem, por sua inserção nas agências estatais e de assistência privada, um objetivo implícito de abrir maiores espaços na sociedade, para a integração de grupos minoritários e para o restabelecimento de laços sociais entre as parcelas "desviantes" da população. Ao mesmo tempo em que viabilizam mecanismos democráticos, estes recursos possuem um sentido de manutenção da coesão social.

Para que se possa ter um entendimento destes serviços, várias formas de abordagem possíveis já foram desenvolvidas, como a análise do contexto macrossocial em que se inserem, a observação do lugar social destes serviços na divisão do trabalho, ou, ainda, o estudo de demandas ou do contexto institucional em que são executados. Uma forma de abordagem, no entanto, vem sendo esquecida: o estudo dos serviços sociais a partir de seus agentes. Normalmente conhecidos como assistentes sociais ou trabalhadores sociais (*social workers*), esses servidores desempenham papel relevante na viabilização dos serviços, uma vez que da sua qualificação como profissionais depende a qualidade do atendimento prestado.

Algum tipo de especialização do trabalho e de tecnificação no serviço assistencial foi requerido, desde que essa tarefa deixou de ser exclusiva das famílias e da comunidade, ou seja, dos vínculos primários,[1] para ser tarefa do Estado e da Igreja (sociabilidade secundária). Esta passagem ocorreu, segundo Castel, "porque a estrutura da sociedade se torna mais complexa, a ponto de impossibilitar esse tipo de resposta global e pouco diferenciada", tornando "o atendimento aos carentes [...] objeto de práticas *especializadas*" (1998: 57; grifo do original).

Esse é o início de um trabalho sistemático de atendimento aos "desfiliados sociais" rompendo, assim, com os vínculos meramente pessoalizados da atuação assistencial. É importante notar, no entanto, que as formas de atuação pessoalizadas e anteriores à institucionalização da assistência não dependiam de uma ação voluntária, no sentido estrito do termo, uma vez que elas eram uma "conseqüência obrigatória do lugar ocupado num sistema de interdependência" (Castel, 1998: 53). Desta forma, elas não eram fruto de uma generosidade "cultivada", ou seja, resultado de uma virtude individual, mas o resultado de uma ação "necessária".

---

1. Castel chama de sociabilidade primária o tipo de vínculo social cujo sistema de regras "ligam diretamente os membros de um grupo a partir de seu pertencimento familiar, da vizinhança, do trabalho e que tecem redes de interdependência sem a mediação de instituições específicas" (1998: 48).

Com o processo de individualização social e com a institucionalização da assistência social, o virtuosismo vai se tornando um requisito necessário às iniciativas assistenciais individuais, assim como ao trabalho assistencial. Por sua institucionalização, a assistência social passa a ter uma conotação político-religiosa, uma vez que Igreja e Estado são os principais agentes que, à época, agiam na manutenção da coesão social. Assim, quando Castel se reporta aos primeiros núcleos de especialização, que serão a base da profissionalização futura da assistência social, ele se reporta ao pároco e ao oficial municipal. Para estes, uma tecnificação mínima é requerida — mesmo sem uma formação profissional específica —, já que o "mandatado é obrigado a avaliar as situações em relação às quais deve intervir ou não, a selecionar os que merecem auxílio, a definir categorias, ainda que grosseiras, para orientar sua ação" (Castel, 1998: 58). Isto demanda um mínimo de conhecimento da população, além de alguma perícia e técnica próprias, que são necessárias para este tipo de prática, mas que prescindem de uma obrigatória formação profissional.

Ao se discutir, então, o significado de "qualificação do perfil profissional", é possível considerar duas formas de entendimento para esta expressão, ambas igualmente válidas e complementares: a primeira refere-se aos insumos teóricos que promovem uma compreensão ampliada da "questão social", e que irão distinguir uma ação profissional, no sentido estrito do termo, de uma ação igualmente tecnificada e especializada, mas que atue com menor rigor de treinamento e menor escopo de conhecimento. Dessa forma, diferenças entre um ensino mais especializado ou mais generalista, mais teórico ou mais centrado na prática, enfatizando um viés politicista ou psicologizante são parte do que se pode entender por "qualificação" para a prática.

Outro sentido para a idéia de "qualificação" está nas características do perfil profissional, que colaboram para dar uma conotação própria à atuação dos assistentes sociais. Quando os estudos para esse trabalho se iniciaram, três categorias foram percebidas como centrais, no estabelecimento deste perfil: a origem social dos assistentes sociais, sua caracterização feminina e a vinculação religiosa. Esses três pontos foram considerados fundamentais para explicar a escolha da profissão no Brasil. Isto, porque tal opção é acionada predominantemente por mulheres, oriundas de camadas mais pauperizadas e com um forte apelo religioso.[2] Como origem social e etnia estão intrinsecamente ligados no Brasil, acrescenta-se, então, o qualificativo "negros/pardos" para a maior parte dos assistentes sociais. Não foi possível, no entanto, seguir a mesma linha explicativa quando dados do cenário internacional foram analisados.

Os estudos preliminares mostraram que, no Brasil, a origem social dos que escolheram o Serviço Social como profissão é baixa. Isso significa que 57,6% dos pais dos assistentes sociais (quando pensados os dois conjuntamente) têm, no máximo, o ensino fundamental completo e apenas 4,2% conseguiram completar a graduação. Com algumas poucas variações, estes percentuais são bastante consistentes desde os anos 1970 até os dias atuais. Este é um dado que não vem sendo explorado pela literatura profissional nacional e internacional. Nesta última, a origem social dos assistentes sociais é caracterizada de forma vaga como, "oriundos da classe média", sem que o significado desta afirmação seja devidamente qualificado. Um ou outro estudo indicam que estratégias de ascensão social seriam utilizadas na escolha de carreiras como Serviço Social, Enfermagem etc., mas não chegam a pensar o quanto a forma de condução da prática profissional é afetada por esta característica.

Tratamento diverso é dado à característica de gênero da profissão. Estudos, como o de Simões (2000a), mostram que, no Brasil, desde o final dos anos 1960, e independente da região do país considerada, aproximadamente 95% dos profissionais são mulheres. Embora Vasconcelos (2000) afirme que este tema vem sendo negligenciado no debate acadêmico, é possível verificar que, tanto no Brasil (Carvalho e Iamamoto, 1982; Rangel, 1983; Vieira, 1984; Silva, 1989; Pougy, 1993; Landim, 2001; Torres, 2002) quanto no cenário internacional (Walton, 1975; Brook e Davis, 1985; Ungerson, 1990; Williams, 1995; Levitt, 1995; Walter e Davie, 1998; Christie, 1998; Scourfield, 2002), esta questão vem sendo discutida. Nos países em que essa é uma característica forte, como no Brasil, a hegemonia feminina parece atuar na profissão de forma atemporal, ou

---

2. A ligação entre gênero e religião parece ser importante, mas não óbvia. Nos dados de Pierucci e Prandi (1996), as mulheres têm uma ligeira supremacia numérica (52%, em média) em relação aos homens (48%), praticamente em todas as denominações religiosas. As únicas variações importantes são entre os "sem religião" (63,8% de homens), os católicos tradicionais (52,9% de homens) e os católicos carismáticos (70,3% de mulheres).

seja, faz parte da história do Serviço Social, desde sua origem até os dias atuais.

Apenas para trazer algumas contribuições a esta questão, a média de mulheres encontrada por Brauns e Kramer (1986) entre alunos europeus foi de 77%, sendo que entre os seis países de maior percentual de estudantes mulheres, quatro (Portugal, Espanha, Itália e França) são de tradição católica. Outros temas foram desenvolvidos a partir da constatação do caráter feminino da prática assistencial. Entre eles, os mais relevantes são: a marca feminina de origem da assistência social (Brauns e Kramer, 1986); o caráter feminino e religioso na origem das Escolas de Serviço Social,[3] como na Espanha, Grécia, Inglaterra, por exemplo (Lorenz, 1994); o crescimento do número de homens como sinal de profissionalização da assistência social (Brauns e Kramer, 1986); a não-incorporação de uma ideologia feminista no Serviço Social (Lorenz, 1994); a atribuição de características femininas à profissão, como o caráter de ajuda e de cuidado social próprio à prática assistencial (Leira, 1994), entre outros (Orme, 2002).

O mesmo tratamento não vem sendo dado à mediação da religião na profissão. No Brasil, a gênese da assistência social dá-se a partir da iniciativa da Igreja Católica e, embora se reconheça que essa origem deixou marcas no fazer profissional (Iamamoto, 1992 e Vasconcelos, 2000), os estudos realizados até aqui circunscrevem a influência da religião na profissão ao período de sua gênese, deixando de tratar de possíveis traços de continuidade entre a gênese e o período atual. Desta forma, tem-se insistido, tanto na literatura nacional, quanto na internacional, no perfil secularizado da profissão e, com isso, o debate da mediação religiosa fica "fora de lugar".

No entanto, a secularização de uma profissão, como requisito moderno, significa a formalização legal de sua prática, a regulamentação e a laicização de seu ensino. O fato de a prática profissional obedecer a ordenamentos legais e o ensino estar fundamentado em teorias, como o marxismo e a psicanálise, não impede que conteúdos valóricos, oriun-

---

3. Em 1937, Alice Salomon realizou uma pesquisa e mostrou que, de 179 escolas de Serviço Social, em 32 países, 83 eram exclusivamente para mulheres e nove apenas para homens, sendo o restante para ambos os sexos (Lorenz, 1994).

dos da raiz social dos profissionais, ou de sua predominância de gênero ou ainda de marcas religiosas, não estejam a ela agregados, quando a maioria dos profissionais detém tal perfil. A ausência de estudos e de análise sistemática sobre a prática assistencial dificulta o reconhecimento da importância que o perfil social dos profissionais tem, para a definição e caracterização da prática assistencial.

Especificamente sobre o tema da religião e suas derivações, a profissionalização das iniciativas assistenciais vai originar tensões entre o caráter moralista, religiosamente vocacionado e fruto de iniciativas pessoalizadas, de um lado, e a racionalização dos recursos e a necessidade de mensuração de resultados, de outro (ou, por outras palavras, com o processo de tornar científica a atividade assistencial). O estereótipo da assistência a relaciona ainda a um entendimento messiânico desta.

No Brasil, desde os anos 1960, para alterar tal identificação, buscou-se aumentar a qualificação teórica dos profissionais de Serviço Social, principalmente a partir da implementação dos cursos de pós-graduação, nos anos 1980. No entanto, segundo a análise de Netto (1992), todo o esforço de cientifização da assistência não produziu, *nas suas resultantes*, um "coeficiente de eficácia capaz de diferenciá-la de outras práticas, profissionais ou não, incidentes sobre a mesma problemática" (1992: 96).[4] Com isso, tais iniciativas não parecem ter modificado as características centrais que marcam a profissão no Brasil desde sua origem e que conformam o estereótipo acima indicado: uma profissão feminina, com forte apelo valorativo de base religiosa. A ausência de pesquisas empíricas colabora para que não se verifique e se mensure o resultado dos esforços realizados.

Foi exatamente sobre esse ponto que o presente trabalho foi construído: pergunta-se, primeiro, se de fato a religião continua a ser uma

---

4. Os comentários de Netto (1992) referem-se à forma partida e segmentada como a "questão social" é tratada quando esta é o objeto das políticas sociais. Por não conseguirem resolver de forma definitiva os problemas da pobreza e da desigualdade social, além de todas as outras formas de exploração social típicas do capitalismo — o que só poderia ocorrer, para o autor, com o fim deste sistema social —, as ações sociais gerariam intermináveis remediações. Esta era, no entanto, a crítica feita às atividades filantrópicas de cunho religioso: pelo seu caráter assistemático e moralista, elas não produziam uma solução para os problemas sociais, mas apenas o seu "alívio". As *resultantes*, então, das duas iniciativas, embora obedecendo a lógicas totalmente diversas, são muito semelhantes.

mediação importante na profissão; depois, busca-se saber que fundamentos a explicam. Como foi dito, essa é uma marca de origem, ou seja, é dos grupos religiosos que a profissão surge. No entanto, a afirmação desse "mito de origem" não garante, a princípio, que ele se perpetue indefinidamente. Será preciso, assim, mostrar que fundamentos empíricos sustentam a reprodução dessa mediação na prática profissional e quais as suas expressões de continuidade.

O tema da religião, vinculado ao Serviço Social, como profissão privilegiada da prestação dos serviços sociais não tem sido abordado no Brasil. Mesmo os valores religiosos tendo servido, de forma explícita, para sustentar propostas profissionais até os anos 1970, não há registros na literatura nacional (a não ser por muito poucos trabalhos de pós-graduação — especialmente mestrado) de que o tema da religião tenha sido enfocado como um objeto próprio de pesquisa.

No entanto, desde os anos 1950, a literatura internacional e, especificamente, a americana e inglesa, vem enfocando esse tema (incluindo o debate sobre espiritualidade) em suas mais variadas formas e expressões.[5] Um debate tem sido travado entre aqueles que acreditam ser a religião um tema pertinente à prática profissional e aqueles que discordam desta posição;[6] entre aqueles que querem inserir no currículo profissional disciplinas ligadas a este tema e aqueles que rejeitam esta idéia; entre propostas e metodologias de intervenção, baseadas em pressupostos religiosos e outras baseadas em pressupostos teóricos (no sentido estrito das ciências sociais); além de vários levantamentos quantitativos e qualitativos, em que se busca identificar se os assistentes sociais são ou não religiosos, assim como as principais demandas, de cunho religioso, endereçadas aos profissionais pelos usuários dos serviços sociais. Nesse último caso, mais particularmente, os profissionais que trabalham com doentes terminais (*palliative care*), em clínicas para tratamento de câncer e Aids, ou com temas como aborto, problemas con-

---

5. O texto de Sue Spencer (1956) parece ser a primeira referência sobre o tema no debate internacional.

6. Os textos de Clark (1994) "Should Social Work Education address religious issues? No!", (Deveria a Educação em Serviço Social tratar de questões religiosas? Não!), e de Amato-Von (1994) "Should Social Work Education address religious issues? Yes!" (Deveria a Educação em Serviço Social tratar de questões religiosas? Sim!), são eloquentes neste sentido.

jugais etc., são objeto dessas demandas, e também aqueles que trabalham com minorias étnicas. Apesar dessa discussão, nos Estados Unidos e na Grã-Bretanha, o tema da religião na profissão ainda é marginal no debate acadêmico.

Os mesmos temas abordados pela literatura profissional internacional podem ser transpostos para o debate nacional. Afinal, os assistentes sociais brasileiros são ou não religiosos? O tema da religião é ou não pertinente para a prestação dos serviços sociais, onde quer que ele seja implementado? Nos casos em que se trabalha com minorias étnicas, que detêm forte identificação religiosa, pode-se prover um adequado atendimento social, sem considerar a identidade religiosa da clientela?

Três questões se mostram ainda mais delicadas: primeiro, como abordar o tema da religião na prática profissional, sem derivar para questões de fundo teológico? Segundo, como incorporar o tema da religião ao Serviço Social, se há profissionais que não são religiosos? Terceiro, como tratar do tema "religião", fazendo parte de uma instituição estatal que, por definição, é laica? Ou, de outra forma, a incorporação da religião às atividades de prestação de serviços sociais (por meio do Estado) não rompe com o princípio de secularização do Estado? Não são os trabalhos promovidos pelo Estado e pela iniciativa privada secularizados? Os cursos de Serviço Social não são também secularizados? Então, como é ainda possível existirem mediações entre religião (valores religiosos) e a assistência social?

São poucos os estudos que demonstram a plausibilidade desta linha investigativa, além de serem trabalhos com pouquíssima divulgação nacional.[7] A considerar pela literatura profissional e pelos programas dos cursos ministrados, o ensino de Serviço Social não detém mais nenhum traço explícito de influência religiosa. Marxismo, positivismo/funcionalismo e fenomenologia, além de correntes psicossociais, foram utilizados para dar um suporte técnico/científico à profissionalização da assistência. Então, ao se mostrarem os fundamentos da relação entre valores religiosos e a prática do Serviço Social será posto em evidência um aspecto que, mais do que negligenciado pela literatura profissional, tem sido considerado como inexistente.

---

7. Os trabalhos aqui referidos serão abordados nos itens seguintes.

Alguns argumentos implícitos ao debate podem explicar o porquê da recusa e negação. Fazem parte deste conjunto argumentativo a concepção, sustentada pelos marxistas, de que o esclarecimento poderia ser um agente efetivo contra possíveis ilusões da consciência e simplificações para o entendimento do real, além de dar ao assistente social um comprometimento necessário e quase obrigatório com uma agenda "progressista"[8] e os argumentos da necessária separação entre Religião e Ciência e Religião e Estado, relegando a religião à esfera estritamente privada.[9]

Os trabalhos assistenciais voluntários e religiosos não experimentam, de forma necessária, estes mesmos dilemas, questionamentos e precauções. A existência ou não de fronteiras entre a religião (os valores e crenças religiosos) e a prática assistencial não são problemáticas nessas iniciativas. Os estudos mostram que os valores religiosos são muito importantes para a prática assistencial voluntária, não só no Brasil (Fernandes, 1992; Landim, 1993; Novaes, 1995; Giumbelli, 1995; Fernandes, 1996; Pierucci e Prandi, 1996; Landin e Scalon, 2000), mas também nos Estados Unidos, por exemplo (Bellah et al. 1985; Regnerus, Smith e Sikkink, 1999).

Curiosamente, as fronteiras existentes entre Religião e Ciência têm sido rompidas, de forma deliberada, na literatura internacional sobre Serviço Social. A constituição de um saber científico, livre de valores e concepções *a priori*, provenientes da religião, da origem social ou de qualquer outra fonte é um dos temas clássicos de qualquer reflexão epistemológica. No entanto, ainda que na literatura de Serviço Social os limites entre Teologia e Ciência não estejam claramente definidos, há um esforço para separar ambas as esferas.

Os trabalhos de Canda (1983, 1988, 1988a, 1989, 1990 e 1998), Furman (2000), Bullis (1996), Becvar (1998), Crompton (1998), Bowpitt (1985, 1989, 1998 e 2000), Moss (2002), entre outros, incorporam ensinamentos reli-

---

8. A contraposição aqui é realizada com o pensamento conservador. Esta é uma luta, mais do que teórica, política, realizada, por exemplo, por uma autora como Iamamoto (1992). A autora baseia-se em autores como R. Nisbet e K. Mannheim para a definição do pensamento conservador.

9. "O princípio de separação da Igreja e do Estado garante a liberdade de crença religiosa e associação mas, ao mesmo tempo, claramente segrega a esfera religiosa, a qual é considerada essencialmente privada, da política" (Bellah et al., 1985: 170).

giosos ao exercício profissional. Ainda que os valores religiosos cristãos sejam predominantes, quando se trata dos países ocidentais, o crescente aumento do número de refugiados nos países europeus e maior intercâmbio cultural derivado da globalização têm feito até mesmo contribuições do budismo ou do xamanismo serem utilizadas como suporte para práticas profissionais.

O fato de, aqui, se buscar colocar em evidência a presença dos valores religiosos na prática assistencial não significa que eles sejam os únicos ou os mais relevantes. Também não se objetiva atribuir um caráter essencialista à mediação religiosa. Assim como a mediação de gênero ocorre na profissão, de acordo com a composição sexista da categoria em cada país, o mesmo pode ocorrer com a religião. Como foi dito, todas as variáveis elencadas acima conferem a estas atividades um sentido próprio. Meu objetivo é dar relevo ao que considero uma importante mediação na prática assistencial e que, a meu ver, vem sendo desconsiderada.

Quais são, então, os pressupostos que podem dar sustentação às mediações entre religião e a prática do Serviço Social? Como um dado prévio e necessário, serão discutidos os vínculos ideais (no mundo das idéias) entre o "ser religioso" e a "prática do Serviço Social" tendo por base o pressuposto empírico de que se vive em um mundo secularizado. Desta forma, o "agir religioso" ou a partir de valores religiosos pressupõe a incorporação de determinados valores e a adoção destes, redundando em decisões que são, de algum modo, coerentes com as escolhas realizadas.

Assim, um primeiro passo, realizado na primeira parte deste trabalho, será mostrar que as relações entre religião e Serviço Social fazem parte da história da profissão, tanto no Brasil, quanto na Inglaterra. Ambos os países não são, entretanto, exceções no cenário mundial. Um panorama internacional é realizado, mostrando a presença da religião na história da assistência social em diferentes países. Este panorama também não está circunscrito às experiências de países católicos ou protestantes. A introdução da profissão em países africanos e asiáticos, além dos europeus, mostra que a fundação das escolas profissionalizantes teve, em sua maioria, base religiosa. Além disso, praticamente em todas as experiências, três características estiveram presentes, contribuindo, como elementos facilitadores, para a constituição e consolidação da mediação religiosa na profissão: a dificuldade de se estabelecer um conjunto próprio de conhecimentos para a profissão; a utilização, por parte dos Estados Nacionais, da rede de solidariedade social e voluntária, para implementação de projetos e ações sociais; a indefinição entre o fazer profissional e o voluntário.

Essas mediações não têm sentido, em si mesmas, mas tornam-se relevantes uma vez que existem nexos de sentido entre a prática assistencial e as doutrinas e crenças religiosas. Desta forma, serão mostradas quais as conseqüências do "agir religioso", em um mundo secularizado, especialmente no âmbito das profissões. Além disso — e como seqüência deste debate —, o tema da assistência social será enfocado não só no catolicismo e no protestantismo, mas também em outras tradições religiosas.

Na segunda parte, importava saber se os assistentes sociais tinham tido uma formação religiosa, incorporando valores religiosos. Estes elementos, embora necessários, não eram ainda suficientes. Era preciso saber, então, o quanto a escolha da profissão foi baseada nestes valores; assim, também fazia-se necessário identificar qual o *background* religioso daqueles que chegavam ao Serviço Social. Esta foi a tarefa do terceiro capítulo, ao verificar que o grande motivador da busca pela profissão está centrada na idéia de *ajuda social*.

O objetivo era investigar de forma abrangente (e não focada em um único período ou setor de trabalho) a importância da religião para a escolha profissional. Para isto, foram realizadas 17 entrevistas no Brasil — especificamente no Rio de Janeiro (2001)[10] — e 25 na Inglaterra — em Londres (2002-3),[11] com profissionais de diferentes tipos de instituição[12]

---

10. No Brasil, utilizou-se, como base de informações, uma listagem fornecida pelo Conselho Regional de Serviço Social (Cress-7ª Região).

11. A base de informações, na Inglaterra, foi fornecida pela Coordenação de Estágios da Middlesex University, Dra. Sally Angus, a quem, uma vez mais, agradeço a colaboração. Esta listagem abarcou, quase em sua totalidade, assistentes sociais com a responsabilidade de orientação acadêmico/prática dos alunos em estágio (*Practice Teachers*). Desta forma, estes profissionais ainda mantinham algum vínculo com instituições de ensino (diferente dos assistentes sociais entrevistados no Brasil).

12. No Brasil, a distribuição segundo o tipo de instituição a que estavam vinculados foi: Estatal: 10; Empresa de Economia Mista: 1; Organização Não-Governamental: 2; Instituição Religiosa: 2; Fundação Privada: 1; Instituição Privada de Saúde: 1. Na Inglaterra: respeitou-se a divisão entre agências do Estado (*Statutory*, 68%) e da sociedade civil (*Voluntary Organizations and Charities*, 32%).

(pública/privada), atuando em diferentes campos de trabalho (crianças e adolescentes, idosos, doentes terminais, refugiados etc.), e formados desde o final dos anos 1960 até os dias atuais.[13] Nas entrevistas, buscou-se saber:

1. se o assistente social teve sua socialização em uma família religiosa e se esta propiciou algum tipo de formação religiosa para seus filhos, como escola dominical (*Sunday School*), colégio religioso (*Convent School*), trabalho assistencial promovido por instituição religiosa, ou mesmo a participação em "Grupo Jovem";

2. até que ponto o assistente social incorporou os valores religiosos daí decorrentes;

3. que valores são estes;

4. que grau de liberdade a escolha profissional teve em relação aos valores religiosos.

Em seguida, no capítulo 4, estudos com alunos de Serviço Social recém-ingressos nos cursos, no Brasil e na Inglaterra (2001 e 2003, respectivamente), foram realizados, para se verificar se o ideário da ajuda social, encontrado entre os profissionais, poderia ser também identificado entre alunos. Foi possível, então, a constituição de um banco único de dados, com informações não apenas de cursos de Serviço Social, mas também de alunos com outras formações (Comunicação, Pedagogia, Ciências Sociais, Administração e Ciências Contábeis[14]), favorecendo uma análise intra e inter-cursos. Assim, pôde-se identificar que os alunos de Serviço Social se distinguem dos demais pela escolha do curso tendo como motivação a ajuda social; e que a atribuição de valores como "amor ao próximo" e "justiça social", justificando a escolha dos cursos, é mais

---

13. No Brasil, os assistentes sociais foram assim distribuídos, segundo o ano de formação: anos 1970: 4 entrevistas; anos 1980: 11; anos 1990: 2. A distribuição dos assistentes sociais na Inglaterra foi: 2 se formaram nos anos 1960; 6 nos 1970; 3 nos 1980; 12 nos 1990; 1 em 2000; e 1 não tinha informação do ano de término).

14. No Brasil, a pesquisa foi realizada com alunos da Universidade Federal do Rio de Janeiro, englobando um universo de 178 pesquisados: 22 de Administração; 35 de Ciências Contábeis; 29 de Comunicação; 37 de Serviço Social (curso diurno); e 29 de Ciências Sociais. Na Inglaterra, a pesquisa foi realizada na Middlesex University e contou com 29 alunos de *Business* (que incluía alunos de Administração e Ciências Contábeis); 91 de *Media* (Comunicação); 35 de *Educacion* (Pedagogia); 30 de *Social Work* (Serviço Social); e 35 de *Social Science* (Ciências Sociais).

presente entre os alunos de Serviço Social do que entre alunos de outras carreiras.

A parte 3 trata de como a religião se expressa na teoria e prática do Serviço Social, ou seja, evidencia que a prática profissional é permeada de sentidos e valores religiosos. O capítulo 5 mostra a importância da religião para os assistentes sociais envolvidos com a prática e para aqueles que são os teóricos da profissão, tanto no Brasil, quanto na Inglaterra. Em relação aos primeiros, o capítulo mostra o quanto eles se consideram religiosos, o quanto eles participam de instituições religiosas e o quanto a religião é relevante para as suas vidas.

Em relação aos "teóricos", busca-se mostrar o quanto a religião é um elemento importante e presente no escrito dos autores. A importância varia de acordo com o país pesquisado. Entre os ingleses, há uma incorporação direta de conceitos e crenças religiosas nas propostas profissionais. Isto deriva do próprio entendimento que os autores têm da religião: para eles, religião e espiritualidade são necessidades humanas que devem ser atendidas pelos serviços sociais.

A importância da religião para os profissionais brasileiros dá-se de forma mediada. Relacionando profissão e política, os autores incorporam formas de entendimento da realidade social que guardam relação com o passado religioso destes. Assim, alunos que chegam à profissão, com supostos valóricos advindos da religião encontram, na formação profissional, ressonância para as suas aspirações. Isto se dá mesmo com um ensino secularizado.

No último capítulo, foi realizado um levantamento para verificar como a religião se expressa na prática nacional e internacional: seus pontos coincidentes e divergentes. Uma base bastante ampla de pontos em comum foi encontrada entre os profissionais de ambos os países. Pode-se mesmo dizer que, na resultante das expressões práticas da assistência social, estas são marcadas por sentidos e valores religiosos, desde o momento em que o profissional ingressa no curso, passando pela formação acadêmica, chegando até o momento em que o profissional desenvolve sua prática. As possibilidades destas mediações são numerosas, evidenciando que, a despeito da aparente ausência, a influência da religião se faz presente na profissão. Associado à identificação destes pontos, será mostrado como a literatura internacional tem tratado destas questões.

Para que este trabalho chegasse a bom termo, pude contar com a cooperação de pessoas e instituições que desejo, neste espaço, reconhecer. Quero agradecer aos alunos Márcia Turra, João Malerba, Afrânio O. Silva, Pedro M. Coelho e Joel Mack, e aos assistentes sociais brasileiros e ingleses que colaboraram respondendo aos questionários e entrevistas elaborados.

Temas e questões oriundos de pesquisas e reflexões que originaram este trabalho foram debatidos com os professores Eduardo Mourão, Maria das Dores Machado, Ivo Lespaubin, Rosana Morgado, Maria Aparecida Cassab, Marlise Vinagre, Joana Garcia e Fátima Valéria Souza, todos da Escola de Serviço Social da UFRJ; do IFCS/UFRJ: Glaucia Villas Boas; da UFJF: Marcelo Camurça; na Inglaterra, conversei com os professores Bernard Moss, Cordelia Grimwood e Graham Bowpitt, e nos Estados Unidos, com a professora Leola Furman. A todos agradeço.

Na passagem pela Inglaterra, agradeço aos professores de Serviço Social que compõem o *staff* da Middlesex University, mais particularmente às professoras Wilma Mangabeira, Helen C. Brown, Sally Angus e à *research manager* Rhona Stevens.

Este trabalho não teria sido possível sem a colaboração institucional do Departamento de Métodos e Técnicas da Escola de Serviço Social/UFRJ; sem o apoio da Associação Brasileira de Ensino e Pesquisa de Serviço Social e dos Conselhos Federal e Regional de Serviço Social — 7ª Região. Agradeço ainda ao governo brasileiro, que por meio de sua agência nacional de apoio à pesquisa — Capes — e da UFRJ, permitiu o financiamento deste trabalho.

Agradeço também a Lígia Simões pela revisão dos textos, tornando-os mais fáceis de serem lidos.

Agradeço, finalmente, aos professores (particularmente ao professor Jairo pelo incentivo e amizade) e funcionários de IUPERJ e aos professores que participaram das bancas de seleção e defesa da tese de que se origina este livro: Luis Werneck Vianna, profa. Maria das Dores Machado, prof. Dr. Luiz Antonio Machado da Silva, Dr. José Paulo Netto e Dra. Aldaíza Sposati. Especialmente agradeço à professora doutora Maria Alice Rezende de Carvalho pelo aceite de ter sido minha orientadora.

Parte 1
Dos Fundamentos

Capítulo 1

Religião aqui, lá e acolá

O primeiro passo a ser dado para aferir a relevância do estudo da religião no Serviço Social[1] é mostrar que sua presença é um elemento importante, não apenas no Brasil ou na Inglaterra, mas em todos os países onde a profissão se estabeleceu enquanto tal. As experiências norte-americana, européia, latino-americana, asiática e africana registram a religião como um elemento que marca a história da profissão nestes locais.

A marca religiosa da profissão, expressa, principalmente, nos impulsos iniciais de criação de escolas e centros de estudos profissionalizantes específicos para o desenvolvimento qualificado da assistência social, esteve associada, ao longo da história, a dois outros importantes fatores: o primeiro, a evidente dificuldade de estabelecer seu *expertise* profissional; o segundo, a dificuldade para se estabelecerem fronteiras entre o trabalho assistencial voluntário e o profissional.

A análise da constituição de um *expertise* profissional e da pouca clareza das fronteiras entre o trabalho voluntário e o profissional são

---

1. Os estudos de Netto (1992) e Lorenz (1994) fornecem boas referências de como o Serviço Social é entendido pela literatura especializada brasileira e internacional, respectivamente. No primeiro caso, a forte influência do marxismo permite que o Serviço Social seja entendido com uma conotação predominantemente política e que a constituição da profissão seja o resultado de um momento específico do capitalismo — o capitalismo monopolista. Em Lorenz (1994), as referências políticas da prática profissional são também ressaltadas, mas não de forma privilegiada. Assim também, a constituição da profissão é, para o autor, fruto da modernidade.

importantes de serem abordados, neste momento inicial, mostrando que estes dois elementos possibilitam e reforçam a existência de valores comuns entre as atividades profissionais e não-profissionais, além de pressupor que não é necessário um grande rigor técnico na atuação assistencial. Estes pontos não são realçados, a partir de uma crítica positivista, cujo ideal de atuação profissional seria uma prática axiologicamente neutra. Ao contrário, o que se tenta aqui fazer é mostrar a origem dos valores que motivam e sustentam a prática assistencial. A existência de tais valores é que garante que a prática profissional seja, tal qual foi, desenvolvida e consolidada. Ainda, a análise conjunta não implica a existência de uma relação de causalidade entre eles. Cada um deles tem sua dinâmica própria e eles reforçam-se mutuamente.

As fronteiras pouco definidas entre trabalho voluntário e profissional são resultado do fato de que voluntários e profissionais executam políticas e programas assistenciais, seja em agências privadas, seja em parceria ou terceirizados entre Estado e organizações e associações privadas, seja dentro do próprio Estado. A relação entre Estado e agências de assistência privada tem uma dinâmica própria e se deriva, principalmente nos países onde se consolidaram sistemas de *Welfare* bem definidos, da forma como as políticas públicas foram estruturadas. Mais sensíveis ainda tornam-se os limites entre público e privado, em que não houve estruturas de políticas públicas bem delimitadas.

Esta questão tem origem, e torna-se relevante, desde que a prática assistencial buscou diferenciar-se da ação caritativa e voluntária. As fronteiras entre uma e outra passam a ser estabelecidas, exatamente por meio da idéia de cientifização da prática assistencial, que foi exportada, principalmente, por ingleses e norte-americanos. Religião e trabalho voluntário formam uma tensão, desde o início do Serviço Social, com os ideais de um fazer "profissional".

Também a ausência de clareza do que é o *expertise* profissional dos assistentes sociais tem a sua dinâmica peculiar. Primeiro, porque esta dificuldade era própria ao período de definição dos limites profissionais, em cada país. Depois, era também de se esperar que o conjunto de requisitos formadores acompanhasse a dinâmica do capitalismo, em cada país. O trato da pobreza se diferencia em países que acabaram de se industrializar, naqueles que são considerados avançados e naqueles onde as desigualdades sociais são superlativas, interferindo não só na forma de encaminhamento da questão, como também na qualificação exigida para tal.

Tanto nas experiências européias, como nas asiáticas e latino-americanas, houve dificuldades, e mesmo divergências, em se estabelecer qual o estatuto profissional do Serviço Social, além de dúvidas sobre a extensão dos cursos, seu caráter técnico ou acadêmico, mais pragmático ou mais erudito, mais intelectualizado ou mais voltado para habilidades vocacionais. Esta indefinição terminou por reforçar, também indiretamente, que os traços e habilidades tradicionais, no trato dos pobres, sejam identificados com as ações profissionais ou que sejam refuncionalizados, para atender aos novos requisitos postos pela profissionalização da assistência.

A mediação religiosa se expressou, em um primeiro momento, por meio das Escolas de Serviço Social, que deram origem à profissão em vários países, imprimindo um cunho religioso à cientifização da assistência. Com a proliferação de cursos, muitos deles formados pelo próprio Estado e com a crescente secularização do ensino, estas marcas religiosas poderiam ter sido superadas, caso não encontrassem correspondência com os valores religiosos dos assistentes sociais; caso a dificuldade de se estabelecer um *expertise* profissional não continuasse, sem uma clara definição, ao longo da história da profissão; caso as fronteiras entre público e privado, Estado e Mercado, voluntário e profissional tivessem tido definições mais precisas, ao longo da história.

Assim, serão analisados o caso inglês e o brasileiro, a fim de mostrar a influência do protestantismo, no primeiro caso, e do catolicismo, no segundo. O objetivo não é reconstituir a história do surgimento do Serviço Social nesses locais, mas mostrar como os três elementos em análise — marca religiosa no surgimento da profissão, ausência da constituição de um *expertise* e a existência de relações pouco claras entre trabalho voluntário e profissional — aparecem na história do Serviço Social e como eles podem ser entendidos de forma articulada, embora não causal. Isto será mostrado a seguir. Por último, alguns dados e informações sobre a constituição do Serviço Social, em países com formações culturais distintas, serão analisadas, confirmando que os casos inglês e brasileiro não são exceções no cenário mundial.

1.1 O caso inglês e o protestantismo

A Inglaterra se tornou um país paradigmático na discussão sobre assistência social. Como país pioneiro, na introdução das inovações que acarretaram a Revolução Industrial, foi o primeiro a experimentar as políticas (Lei dos Pobres — *Poor Law*) de combate à pobreza urbana e às "disfuncionalidades sociais". No entanto, o estabelecimento da primeira Escola de Serviço Social foi tardio (1954), sob os auspícios da London School of Economics and Politics (LSE — Escola de Economia e Política de Londres).

Considera-se que o início do Serviço Social está ligado à iniciativa de voluntários que fundaram, em 1896, a primeira Charity Organization Society (COS — Sociedade de Organização da Caridade), baseados nas idéias de Octavia Hill. Em 1903, a COS teria formado sua própria Escola, mas com o nome de Escola de Sociologia, incorporada pela LSE em 1912 (Brauns e Kramer, 1986).

Após estas iniciativas, cursos de Serviço Social foram sendo criados para atender a demandas específicas de trabalho. Aqueles que trabalhavam com egressos do sistema penal, assim como aqueles engajados em trabalhos com doentes mentais, criaram estruturas próprias de formação, com autonomia uma das outras. Em 1962, foi criado o Central Council for Education and Training in Social Work (CCETSW — Conselho Central para Educação e Treinamento em Serviço Social), como uma alternativa à formação universitária, buscando unificar a formação educacional em Serviço Social. Parry & Parry (1979) afirmam, então, que várias alternativas de profissionalização foram criadas (na área médica, da infância e adolescência, psicossocial etc.), mantendo um conflito entre formas diferentes de associação ocupacional como, por exemplo, associações profissionais e sindicais que, oriundas do século XIX, continuam disputando espaço no Serviço Social.

O Serviço Social inglês é estabelecido dentro dos "serviços sociais pessoais" (*personal social services*) e é uma responsabilidade direta da autoridade local, distritalizada, mais do que do governo central. Após os anos 1960, o governo inglês passou a ter uma nova política de reforço da responsabilidade das famílias e vizinhos no cuidado social (*social care*), para encorajar e estimular o crescimento de iniciativas privadas nas políticas de bem-estar social. A participação ostensiva da população nestes serviços não foi resultado de um fácil consenso. No pós-Segunda Guerra, havia uma crença política de que a seguridade social era um direito inalienável, que poderia ser garantido somente por um serviço controlado universal e democraticamente. Com a influência dos governos de direita, voltou à tona a concepção de que o cuidado voluntário (*voluntary care*) era uma característica essencial das sociedades dinâmicas e livres e de que os serviços prestados pelas agências estatais tinham por suposto uma cidadania passiva.

Marshall (1967) mostra que, na Inglaterra, a partir do período entre guerras, mas também no período posterior, houve uma aproximação entre as práticas assistenciais desenvolvidas pelas entidades filantrópicas e voluntárias e o Estado, além de uma disseminação, em ambas as instituições, das idéias veiculadas pelos pioneiros da profissão (vinculadas à religião). No período do pós-Segunda Guerra, a colaboração entre as instituições continua, embora com o maior predomínio das ações do Estado, com o estabelecimento do Estado de Bem-Estar Social inglês. O importante a ressaltar é que houve uma confluência de propósitos e, mesmo, de formação entre as ações voluntárias e filantrópicas e a ação profissional.[2]

Exatamente a existência destas "fronteiras borradas" levar o autor a questionar se a assistência social é, de fato, uma profissão. E, sobre isto, a afirmar que para a prática da assistência social "não há nenhum ponto claramente definido, ou nível, no qual o treinamento conduza a uma habilitação profissional reconhecida universalmente" e que os assistentes sociais deixaram de ser "mentores morais", como na era vitoriana, para serem "conselheiros psicológicos", sem estarem, para isto, devidamente preparados. O risco, então, de que a ação profissional derivasse para um julgamento moral e de que, neste, estivessem presentes elementos típicos do senso comum não parece ser pequeno.

Até os anos 1960, segundo o mesmo autor, a assistência social ainda podia ser "desempenhada por ajudantes familiares especialmente treinados, por conselheiros familiares, por orientadores familiares, por assistentes sociais ou por administradores residenciais", caracterizando

---

2. "As áreas de demarcação entre a família e a vizinhança, de um lado, e o Serviço Social (e particularmente o departamento local de serviços sociais), de outro, são áreas em confusão e disputa" (Jordan, 1984: 21).

"a imaturidade da administração social nesse setor específico" (Marshall, 1967: 167). Mesmo assim, o prestígio ou *status* social da assistência social continuaram altos e em ascensão.

Como foi dito, embora as práticas assistenciais sejam anteriores à formação da primeira Escola de Serviço Social, é de se notar que esta se institucionaliza quando ganha força a lógica de que os serviços voluntários representam um conceito ativo de cidadania. Pelo que afirma Lowe (1999), as iniciativas privadas desempenharam um importante papel na provisão dos serviços sociais. Elas são, junto com as agências locais (estatais) de assistência, os principais empregadores dos assistentes sociais. Sua importância está em identificar as reais necessidades da população, e elas "eram também capazes de desenvolver novos métodos e técnicas de cuidado porque, diferente de suas contrapartes oficiais, eles não tinham que assegurar sempre eqüidade ou considerar possíveis objeções políticas" (idem: 276). No entanto, estavam baseadas em uma antiga tradição filantrópica que, por vezes, era indevidamente moralista ou ineficiente (ou ambas).

Já nos anos 1980, o Serviço Social continua sendo visto como uma profissão em que as qualidades pessoais do assistente social podem ser tão importantes quanto o conhecimento que este possui. Jordan chega a afirmar que "Serviço Social tende a estar preocupado com os tipos de tarefas que requerem atenção pessoal e detalhada de um tipo menos especializado" (1984: 7). Além disso, o autor afirma que certas características, como a intuição e a imaginação, são importantes elementos para que o profissional consiga relacionar sua própria experiência com a do cliente. Por isso, ele afirma que, em certas circunstâncias, o trabalho profissional é mais próximo da arte do que da ciência.

Para além disso, a motivação para o ingresso na profissão, na análise do autor, além de estar relacionada a uma consciência política e social (esta última "estaria próximo de motivos religiosos" — idem: 9), continua relacionada a uma preocupação religiosa ou humanitária com os membros desprivilegiados e em desvantagem na sociedade. Estas três motivações são também os três aspectos — político, social e moral — que o autor considera como centrais no entendimento do Serviço Social.[3]

---

3. Como a análise aqui realizada centra-se na discussão sobre a religião, só serão abordadas as análises do autor realizadas sobre o aspecto moral do Serviço Social.

Se, no entanto, somente as "boas intenções", oriundas de uma perspectiva religiosa ou política, são reconhecidamente insuficientes para uma ação profissional, no caso do Serviço Social, o autor dirá que, para que o profissional tenha um desempenho ótimo em seu trabalho, dando o melhor de si, por um longo período, são necessários alguns requisitos, como: uma certa dose de flexibilidade e resistência (*resilience*) às condições de trabalho, o suporte de colegas e supervisores e a *necessidade de encontrar satisfação na sua vida privada*.

Para Jordan, a herança cultural que redundou no Serviço Social — as igrejas tradicionais da Idade Média, os recentes serviços estatais providos em âmbito comunitário (*parish*) sob a Lei dos Pobres (*Poor Law*), o desenvolvimento das profissões antigas, como direito, medicina e educação e as sociedades de caridade do século XIX — associada com o protagonismo feminino[4] na profissão tornaram "a noção de importância das *relações pessoais*, para o processo de reabilitação social *ainda uma de suas características essenciais*" (Jordan, 1984: 32; grifo meu).

O que esta "relação pessoal", desenvolvida por dentro de um Estado que continuamente se burocratizava e, portanto, tornava-se impessoalizado, significava era uma idéia de "perfeita amizade" (*perfect friendship*), oriunda do ideário caritativo que envolvia "enormes sacrifícios de tempo e energia emocional, dando a estas pessoas uma mistura de amor cristão e conselhos práticos" (idem). Esta concepção derivava diretamente do ideário vitoriano de tratamento moral dos pobres. Por isso, os primeiros assistentes sociais eram vistos como meio santos, pois, além de aconselhamentos práticos para a vida, representavam também "a esperança do perdão de Deus e da regeneração das almas" (Jordan, 1984: 34). A definição dada para a "perfeita amizade",[5] baseada na tradi-

---

4. As mulheres "eram inquestionavelmente comprometidas e dedicadas em um grau extraordinário, combinando formidável energia com uma compaixão por pessoas em dificuldades extremas" (Jordan, 1984: 32).

5. "Eles eram humildes, nunca agiam com condescendência; eles enfatizavam a humanidade comum e a universalidade do pecado; eles ofereciam a esperança do perdão de Deus e da regeneração espiritual, mas também passos práticos para a reabilitação material e física; eles eram generosos nas suas ofertas de tempo e atenção; eles transmitiam a aceitação de Deus através das suas próprias empatia e bondade. Como resultado, estes primeiros assistentes sociais eram sempre percebidos por seus clientes como ambos excepcionalmente humanos e santos" (Jordan, 1984: 33-34).

ção puritana de aconselhamento religioso, depois, seria identificada como "relação de ajuda".

Este e outros tantos traços da influência vitoriana de assistência social, que atrelava a "ajuda social" à moralidade, são colocados em xeque, no início do século XX, com a influência do pensamento freudiano e marxista no Serviço Social. Ambos passam a questionar as "boas intenções" profissionais, assim como colocam em dúvida as "certezas da consciência".

Estas influências, oriundas das Ciências Sociais, foram responsáveis por uma transformação no ideário da "perfeita amizade". O primeiro passo foi dado quando se teve por suposto que muito dos comportamentos dos clientes eram moldados por forças sociais e psicológicas imperceptíveis. O trabalho do assistente social continuaria a ser de ajuda mas, agora, esta consistiria em permitir que as pessoas pudessem escolher "livremente" seus destinos, eliminando do campo de opções os constrangimentos oriundos das forças psicológicas limitadoras e de modelos coercitivos culturais.

Os assistentes sociais deveriam, então, proteger as pessoas das suas próprias escolhas, quando estas estivessem baseadas naquelas limitações referidas — psicológicas ou culturais.[6] Este terreno não deixa de ser delicado, uma vez que o comportamento adequado deveria, ao final, estar circunscrito aos padrões culturais e morais da classe média conservadora, de onde vinham os profissionais. Desta forma, Jordan afirma que, como psicoterapeutas, os assistentes sociais "se tornaram mais sofisticados e confiantes, eles surgiram gradualmente [...] como um tipo de 'perfeita amizade'" (Jordan, 1984: 51).

Segundo o autor, a abordagem psicológica proporcionou que setores de classe média continuassem procurando as "profissões de ajuda", por motivos religiosos e humanitários, assim como visando "pagar os débitos dos quais eles se sentiam obrigados por terem tido infâncias felizes e boa educação" (idem: 56). No entanto, na ausência de um fundamento moral e social para os seus altruísmos, típico de anos passados, eles encontravam, na abordagem psicológica, a possibilidade de realizar um trabalho semelhante ao anterior. A introdução da

---

6. Neste aspecto, todo o discurso conscientizador marxista também aí se encaixa.

PEDRO SIMÕES

psicologia permitia também trabalhar com "racionalidades incensoriais" (*uncensorious rationale*), assim como "liberar o potencial humano latente e reprimido" em cada um. Desta forma, conclui Jordan, esta era uma abordagem que "estava prontamente de acordo com o espírito socialmente conservador dos anos 1950" (Jordan, 1984: 56).

Mesmo a maior tecnificação e teorização do Serviço Social inglês não foram suficientes para eliminar o lado pessoalizado e pouco estruturado da intervenção profissional. Tanto a sociologia quanto a psicologia poderiam, segundo Jordan, ajudar a entender certos tipos de comportamentos irracionais ou extremos, mas essas disciplinas não poderiam deixar os assistentes sociais livres de algumas responsabilidades com os seus clientes. E isto porque, conforme o autor, pela característica determinista destas teorias, elas deixam pouco espaço para idéias como livre arbítrio e livre vontade, e menos ainda para noções de certo e errado, falso e verdadeiro, justo e injusto, que permeiam a prática profissional.

Ao tratar dos valores que embasam o Serviço Social inglês, Midgley (1981) afirma que os princípios orientadores da prática profissional — individualização, direta intervenção (*direct intervention*), autodeterminação e auto-ajuda, aceitação, confidencialidade e não-envolvimento emocional[7] — refletem a herança humanitária e cristã da profissão e demonstram a extensão do envolvimento do Serviço Social em valores culturais específicos.

Estes princípios estão conectados a valores que embasam a prática do Serviço Social. Conforme a análise de Midgley, o Serviço Social, sur-

---

7. Os princípios significam: *individualização*: "a força inerente, a integridade e a dignidade do indivíduo"; *intervenção direta*: "lidar com a necessidade das pessoas na base do 'cara a cara', dentro de um conceito metodológico que os novos governos configuram todas as intervenções de Serviço Social"; *autodeterminação* e *auto-ajuda*: "o princípio da autodeterminação prescreve que necessidades não devem ser imputadas; embora assistentes sociais acreditem que os problemas sociais devam ser propriamente diagnosticados, eles não dizem a indivíduos, grupos ou comunidades quais são suas necessidades mas buscam, em vez disso, ajudá-los a reconhecer suas necessidades"; *aceitação e não-julgamento*: "isto encontra expressão na atitude do assistente social de neutralidade valórica. Assistentes sociais aprendem que eles não devem ter idéias preconcebidas sobre padrões morais"; *confidencialidade*: "tratar informações íntimas confidencialmente"; [...] guardar o passado dos clientes e seus problemas privados atuais"; *não-envolvimento emocional*: embora "assistentes sociais aprendem que eles devem encorajar seus clientes a expressar seus sentimentos, [...] eles devem prevenir-se contra se tornarem envolvidos emocionalmente com seus clientes" (Midgley, 1981: 12 e s.).

gido no século XIX, foi influenciado pelas idéias liberais (como, por exemplo, racionalidade, utilitarismo, humanitarismo, liberdade de escolha individual, individualismo, direitos individuais e responsabilidade pela sua própria felicidade) no trato com a pobreza. Os fundadores do Serviço Social acreditavam que, como todos os homens tinham nascido iguais e livres, todos eram capazes das mesmas ambições e dos mesmos esforços, sendo a diferença entre ricos e pobres resultado exclusivo da conduta moral. No entanto, a ênfase na virtude do trabalho, da sobriedade, da auto-realização e da responsabilidade era temperada pela preocupação humanitária com os pobres, que não tinham culpa de sua condição, seja por idade, viuvez, orfandade, ou qualquer outra razão.

Se, para os países ocidentais (anglo-saxões), a ética puritana "personifica esses valores", afirma Midgley que a metodologia do Serviço Social tem sido "infundida com os valores da cultura na qual ele emerge" (1981: 91), mostrando que há uma ligação necessária entre valores culturais locais e a prática profissional.

Payne (1991), ao tratar das três grandes linhas argumentativas, que embasam as teorizações inglesas e que são guias para "qualquer um [que está] tentando ajudar seres humanos" (p. 7) — a visão terapêutica-reflexiva, a coletivista-socialista e a individualista-reformista —, afirma que estas não devem ser exportadas e utilizadas de maneira global, uma vez que emergiram "nos países democráticos ocidentais e seus valores-base têm origem judaico-cristã" (idem), sendo incompatíveis com outras tradições culturais não-individualistas, como a China e a Índia.

O trabalho de Davies (1994) mostra que, além de habilidades (*skills*) e conhecimento (*knowledge*), os assistentes sociais devem ter também qualidades (*qualities*), traduzidas em valores como: pontualidade, flexibilidade, senso de humor, paciência, otimismo, tolerância, sensibilidade, segurança emocional, confiança, consciência e imparcialidade. Por estas razões, e baseado nestes valores, o trabalho do assistente social "pode ser visto como uma forma de ajuda pastoral em uma sociedade secular" (Davies, 1994: 206).

Além de todos estes elementos, em 1989, foi editado o "The Children Act", que previa que as autoridades locais "não expusessem à criança uma educação religiosa que não fosse aquela na qual ela tinha sido formada, se uma ordem para isto não fosse dada" (seção 33: 6a; in:

PEDRO SIMÕES

Crompton, 1998). Esta observação levou a que os assistentes sociais tivessem que ser qualificados para respeitar o direito de religião das crianças recolocando, assim, o tema da religião na agenda de discussões dos profissionais da assistência, mas agora sob outra perspectiva.

Diferente do comentário de Vasconcelos (2001), que aponta para uma crescente perda de importância dos elementos religiosos na prática profissional, estratégias serão pensadas, exclusivamente, para atingir tal fim. Propostas, no entanto, serão também formuladas, visando à conjugação entre conhecimento religioso e profissional como uma expressão da relevância deste tema, para os próprios profissionais.

1.2 O caso brasileiro e o catolicismo

O Brasil não se diferencia substancialmente das experiências acima analisadas. Já se falava, na literatura acadêmica brasileira (Carvalho e Iamamoto, 1982), das protoformas do Serviço Social, e já havia a constituição de uma literatura própria antes mesmo de tal serviço ser regulamentado, como profissão, em 1957.[8] Antes disso, na década de 1930, já haviam sido criadas escolas que buscavam formar um novo profissional: o assistente social.[9] Estes centros de formação foram estabelecidos pela Igreja Católica, sem que ainda estivesse regulamentado, oficialmente, qual seria o conjunto de conhecimentos específicos desta nova profissão.[10] Nestes casos, a lei só veio corroborar e reconhecer uma prática que já estava instituída na sociedade.

No entanto, como uma iniciativa da Igreja Católica, o Serviço Social brasileiro não surgiu para que houvesse uma clara diferenciação entre a assistência social religiosa e a profissional, mas para qualificar o

---

8. O Serviço Social brasileiro tem sua regulamentação legal no ano de 1957, através da Lei nº 3.252, publicada no Diário Oficial de 28 de agosto.

9. As primeiras escolas de formação de profissionais da assistência social foram a de São Paulo, instituída em 1936, e, em seguida, a do Rio de Janeiro, em 1937. Estas iniciativas se seguiram a um movimento de reação da Igreja Católica ao avanço das idéias liberais (Backx, 1994; Castro, 1987, Aguiar, 1995).

10. O ensino de Serviço Social teve sua regulamentação quatro anos antes na Lei nº 1.889, publicada no Diário Oficial de 20 de junho de 1953 (Vieira, 1969).

apostolado social, aumentando, assim, a eficiência de suas ações religiosas. Como nos mostra a literatura que trata do período de gênese da profissão (Carvalho e Iamamoto, 1982; Castro, 1987; Backx, 1994; Aguiar, 1995, entre outros), a Igreja Católica, nos anos 1930, passa a ter uma postura mais ativa (e menos contemplativa) ante os problemas sociais oriundos do início da industrialização no Brasil, na busca de "recuperar áreas de influência e privilégios perdidos, em face da crescente secularização da sociedade e das tensões presentes nas relações entre Igreja e Estado" (Iamamoto, 1992: 18).[11]

Além desta marca religiosa, o Serviço Social nascente passa a recrutar, basicamente, mulheres que, em um primeiro momento, fazem parte da elite social e, em um período posterior, quando há a ampliação dos cursos de formação (Backx, 1994), têm uma origem social mais modesta. Em todos estes casos, a profissão era tida em seu sentido apostolar, missionário e vocacional (Carvalho e Iamamoto, 1982). Agir assistencialmente, de forma missionária, era uma tarefa eminentemente feminina. Esta foi, segundo Landin (2001),[12] uma estratégia de ingresso das mulheres no mercado de trabalho e, como a autora afirma, esta possibilidade ocorreu por meio das iniciativas da Igreja Católica.

Também no estudo de Vieira, Sá e Silva (1989), as autoras chamam a atenção para o fato de que os candidatos a esta nova profissão passavam por uma seleção em que a formação religiosa e moral eram determinantes. Assim, a prática do apostolado social passava pela reificação de uma série de qualidades naturais do comportamento feminino existente nas representações dos setores e classes abastados. Estas características irão refletir-se na produção teórica da época, envoltas em humanismo cristão, como qualidades necessárias aos pretendentes à carreira de Serviço Social (Carvalho e Iamamoto, 1982).

---

11. Em Vianna (1999) encontra-se uma referência de fora do Serviço Social sobre a atuação da Igreja Católica nessa época.

12. "Como a sociedade brasileira é historicamente fechada para a entrada da mulher no mercado de trabalho e na vida pública, as organizações voluntárias, até há algum tempo, tem representado as únicas oportunidades para as mulheres fazerem suas presenças sentidas na sociedade fora do lar". E ainda, "seria impossível entender as características e a forma assumida pela filantropia das mulheres no Brasil sem ter em consideração o papel central da religião neste campo, especialmente o exercido pela Igreja Católica" (Landin, 2001: 68).

Todos estes traços, que marcam a origem do Serviço Social no Brasil, foram atribuídos pela literatura citada a uma influência franco-belga. Foi esta que ratificou e subscreveu a influência católica no Serviço Social brasileiro, com seus traços apostolares e femininos. Para esta influência, Netto (1992) chama a atenção, como sendo a parte do sincretismo ideológico do Serviço Social que mais intensamente estruturou a profissão no Brasil: o "caldo cultural europeu" com seus traços de conservadorismo romântico anticapitalista.

No entanto, uma vez dados os primeiros passos rumo à profissionalização da assistência social, ela passa a ser incorporada pelo Estado e pelo mercado, ganhando autonomia frente às iniciativas da Igreja Católica. O ensino começa a deixar de estar associado, diretamente, à Doutrina Social da Igreja — principal base para a profissão nos centros de formação católicos.

A forma de distinção entre a assistência religiosa e a profissional estava em que esta última incorporava um conjunto de técnicas e de procedimentos racionalizadores da ação.[13] Nos anos 1940, a influência norte-americana sobre o Serviço Social brasileiro fornece um repertório de procedimentos técnicos que serão pragmaticamente utilizados, segundo os valores, princípios e conceitos religiosos extraídos da Doutrina Social da Igreja e que orientavam a ação.

A base conceptual religiosa mostrou-se, no entanto, insuficiente para dar respostas aos desafios postos à profissão pelo processo de desenvolvimento do Brasil. As políticas desenvolvimentistas, executadas nos anos 1950 e 1960, assim como a abertura de novos campos de trabalho profissional, colocaram à profissão problemas que demonstravam ser insuficiente a base de conhecimentos utilizados.[14]

Com o propósito de estabelecer suportes mais científicos para a profissão, buscaram-se, na segunda metade dos anos 1960, os recursos

---

13. Castel (1998) mostrou que as práticas assistenciais religiosas não prescindiram de racionalização. No entanto, o caminho da profissionalização ocorreu no aprofundamento deste processo.

14. Principalmente, nos anos 1960, com a utilização das técnicas de Desenvolvimento de Comunidade como instrumentos das políticas desenvolvimentistas e de integração nacional, os assistentes sociais saíram das instituições onde o trabalho era basicamente de atendimento de casos sociais, para as instâncias de planejamento regional, como a Sudam e a Sudene (ver Castro, 1987; Ammann, 1992).

ao positivismo/funcionalismo (CBCISS, 1986)[15] e, no pós-1975, à feno-menologia (Pavão, 1988; Almeida, 1989). O objetivo era a construção de um *corpus* teórico-metodológico que desse um estatuto científico à profissão, no sentido estrito do termo. Estava inclusa nesta tentativa a rejeição das teorias importadas: era necessária a constituição de um conjunto de conhecimentos que estivesse referido à realidade brasileira e latino-americana (Netto, 1991).

Agora, não apenas as técnicas eram utilizadas como recursos de distinção profissional, mas também os suportes teóricos, extraídos do pensamento das Ciências Sociais e da filosofia. Porém, como a literatura indica, a base valórica e de princípios subjacentes às concepções de ação profissional continuava a ser religiosa (neotomistas). Mesmo com a base de recrutamento sendo ampliada, com a multiplicação dos cursos de formação, e com a inserção, cada vez mais maciça, destes profissionais no mercado de trabalho, a religião continua na base do Serviço Social brasileiro.

No final dos anos 1970, o panorama profissional modifica-se. O caráter conservador do Serviço Social brasileiro é acusado pelos profissionais, que passam a se identificar com as lutas democráticas, então em ascensão no Brasil. A denúncia recai sobre o caráter moralista da ação profissional, além da busca constante da profissão, para ser um agente "mantenedor da ordem". Tanto o conjunto de conhecimentos que o Serviço Social detinha como referência para a sua ação como a forma de sua operacionalização visavam à sua legitimação, frente aos seus contratantes. A gestão moralista, apolítica e tecnicista da assistência é identificada como oriunda do pensamento conservador (Iamamoto, 1992).

A partir de 1979, sob a influência dos conhecimentos marxistas (de Althusser a Mao-Tse-Tung), o Serviço Social passa a buscar, na via da politização, sua afirmação como profissão. Nesse ano é travado o "compromisso" com as classes trabalhadoras no III Congresso Brasileiro de Assistentes Sociais.[16] Objetivava-se uma prática que privilegiasse os in-

---

15. Nesse documento, o Serviço Social é comparado com a arte, tal como ocorreu com o Serviço Social inglês. Veja no item específico deste caso.

16. Ver Abramides e Cabral, 1995.

teresses dos "dominados", que estivesse em consonância com um novo projeto político de sociedade e que estabelecesse uma nova hegemonia social tendo como centro os trabalhadores.

Esta tendência de politização não eliminou a presença, nem das práticas e conhecimentos oriundos do positivismo/funcionalismo, nem da fenomenologia, na profissão. Estas distintivas formas de entender e atuar profissionalmente convivem, de forma tensionada, tanto na academia, quanto na prática profissional.[17] No entanto, os autores e profissionais marxistas, além de sofisticarem seu discurso e sua retórica, incorporando a influência de A. Gramsci e de G. Lukács, fizeram do debate acadêmico um local de disputa política. Desta forma, estabeleceram esforços para consolidar uma "hegemonia" marxista na profissão.

De tal forma foram estes intentos, que os Códigos de Ética de 1986 e 1993 são pensados com vistas a garantir os valores e princípios éticos afinados com as novas diretrizes que se buscava estabelecer para a profissão. Também em 1997 a Associação Brasileira de Ensino e Pesquisa em Serviço Social — ABEPSS — publica seu sétimo caderno, no qual estabelece a "proposta básica para o projeto de formação profissional" (ABESS,[18] 1997) tendo, como base, o marxismo.

No entanto, embora os escritos dos autores marxistas não apresentem, de forma explícita, conceituações e valores estritamente religiosos, a pesquisa de Silva (1991),[19] realizada com os 23 principais marxistas em atuação no país, nos anos 1970 e 1980, mostra que estes tiveram, em 21 dos casos, uma sólida formação religiosa. A maioria fez parte dos grupos jovens da Igreja e chegou ao marxismo e ao Serviço Social por meio da Teologia da Libertação.[20] O humanismo-cristão foi, segundo a autora, a base valórica que amalgamou os conhecimentos oriundos da Igreja Católica e do marxismo.

---

17. Basta ver a atual polêmica em torno do "Serviço Social Clínico".

18. A partir de 1998, a "pesquisa" foi incorporada no nome da Associação Brasileira de Ensino de Serviço Social (ABESS), que passou a se chamar: Associação Brasileira de Ensino e Pesquisa de Serviço Social (ABEPSS).

19. Ver também o estudo de Simões (1997) e Carrara (1999).

20. Alguns estudos sobre a relação entre religião e marxismo, através da Teologia da Libertação, são encontrados em: Bordin (1987), Ivern e Bingemer (1994) e Löwy (1991).

Vale ressaltar que subjacente a todas estas idas e vindas teóricas que o Serviço Social presenciou estava o debate sobre a especificidade da intervenção profissional. As variações teóricas formalizaram não apenas diagnósticos distintos, mas também propuseram que a profissão deveria caminhar para direções coerentes com os diagnósticos realizados. Para além da própria disputa política interna à profissão, que estas alterações significam, elas apontam para uma falta de consenso mínimo sobre o que é o Serviço Social.

Exemplificando para clarificar a questão: qual deve ser o objeto privilegiado da intervenção profissional, o indivíduo ou a sociedade? Qualquer uma das respostas direciona a profissão para a construção de metodologias que são excludentes umas das outras. A questão se complexifica, quando se nota que aqueles que optaram por um ou outro caminho o fizeram de forma pouco qualificada, ou seja, sem bases teóricas sólidas e coerentes. Além de não haver consensos mínimos sobre o ponto central da intervenção profissional, as propostas realizadas eram, elas próprias, deslegitimadoras da posição defendida, devido às suas inúmeras fragilidades teóricas.

As análises realizadas até aqui não contemplam, no entanto, o universo da prática profissional, embora sinalizem para o fato de que parâmetros valóricos religiosos estiveram presentes, na história da teorização do Serviço Social. O estudo de Mestriner (2001) mostra que, na prática da assistência social, os princípios de filantropia e benemerência estiveram presentes, uma vez que o Estado brasileiro sempre apoiou e reforçou as iniciativas da sociedade civil, tendo a Igreja Católica um papel de extrema relevância no conjunto destas ações (Landim, 1993).

Para Mestriner, a assistência social "supõe a transferência de algo *ao interessado que não pode resolver por si*, por deficiência de conhecimento, de razão, de condição financeira, de condição física etc. (2001: 15-6; grifo do original). A incorporação do princípio da filantropia agrega à ação assistencial o sentimento do amor do homem pelo ser humano e pela humanidade, gerando um "gesto voluntarista", seja favorecendo a um "outro que nada tem", seja na "intenção de que o ser humano tenha garantida condição digna de vida" (idem: 14). A benemerência, identificada como uma ação própria da Igreja Católica, guarda um sentido parecido com a filantropia, constituindo-se "na ação do dom, da bondade, que se concretiza pela ajuda ao outro", podendo expressar-se, tanto de forma *ad doc* (nas suas expressões pessoalizadas e incorporando a lógica do favor) quanto *in hoc* (na institucionalização de asilos, orfanatos, abrigos etc.).

Desta forma, a assistência social é mais do que uma necessidade, do ponto de vista material; é, também, uma exigência moral, colocando "todo ser humano como alvo de sua atenção, ao mesmo tempo que dá lugar para exercê-la a todas as pessoas de boa vontade, quaisquer que sejam suas idéias a respeito do ser humano e da vida" (idem: 15). Vale ressaltar que, para esta característica ampla e genérica, a ação assistencial se supõe voltada não para uma classe ou um grupo populacional específico, mas incorpora as necessidades do "ser humano" como um ser genérico, descontextualizado, embora carente e necessitado.

Mestriner, depois de analisar a forma como a assistência social se configurou no Brasil desde os anos 1930, afirma que "a assistência tem sido entendida há cem anos como forma de *ajuda* àqueles sem condições de autoprovimento de suas vidas" (2001: 286; grifo meu). Sem realizar um estudo voltado para o que a assistência social *deve ser*, a autora mostra que, entre nós, brasileiros, a *ajuda ao ser humano* é o que vem caracterizando a assistência social.

1.3 Considerações sobre a presença da religião no Serviço Social

Estas duas experiências particulares não são casos excepcionais. Ao contrário, do Oriente ao Ocidente, experiências muito diversas sinalizam que os elementos analisados, neste capítulo, fazem parte da "forma de ser" da profissão. O Serviço Social parece, então, ser o resultado, tanto de iniciativas religiosas no campo assistencial, quanto da ausência de definição de seu objeto próprio de intervenção e seu *expertise*, acarretando em uma indefinição de qual seja o seu âmbito profissional. Este é o terreno propício para que valores e concepções religiosos continuem a coabitar o universo profissional. Mas, em outros países, como estas questões ocorreram? É isso que se verá a seguir.

1.3.1 Experiências internacionais

Surgimento do Serviço Social

As Escolas de Serviço Social européias não datam todas na mesma época. Surgem no século XIX, sendo a da Inglaterra (1886) a mais antiga, seguida pela da Alemanha (1899). Do início do século XX até os anos 1920, foram registrados outros sete casos de surgimento de cursos de Serviço Social: França (1907), Suíça (1908), Suécia (1910), Áustria (1912), Finlândia (1918), Noruega (1920) e Bélgica (1920). Após os anos 1920, os países europeus vão incorporando cursos de Serviço Social em seus complexos universitários, até os anos 1980 (Espanha, 1932; Israel, 1934; Irlanda, 1934; Portugal, 1935; Dinamarca, 1937; Grécia, 1945; Itália, 1945; Turquia, 1961; Iugoslávia, 1953; Islândia, 1981) (Brauns e Kramer, 1986).

Giarchi e Lankshear (1998) afirmam que a Igreja esteve presente no desenvolvimento do Serviço Social nos países europeus, e que teve um relevante papel na história da profissão. São citados países como Áustria, Bélgica, Finlândia, França, Alemanha, Suécia e Noruega, em que as organizações protestantes[21] foram ativas, na fundação de instituições de ensino de Serviço Social, sem falar na importância da Igreja Católica, em países como Itália, França (Verdès-Leroux, 1982), Portugal e Espanha.

Os autores reconhecem que o surgimento do Serviço Social europeu sofreu também a influência do movimento organizado de trabalhadores, relacionando a questão da industrialização com o surgimento da profissão. Casos deste tipo foram encontrados em países como Bélgica, França, Alemanha, Itália, Espanha, Turquia, Inglaterra e Iugoslávia. Além disso, para Giarchi e Lankshear, o surgimento do Serviço Social esteve também relacionado com outros "movimentos sociais", como o de mulheres e o da Igreja. No entanto, dentre essas três grandes influências, somente a relação da profissão com as Igrejas é que se mostrou durável.[22]

---

21. Segundo Oldrich (1998), na República Tcheca, desde 1989, a Igreja e os setores voluntários são os principais empregadores dos assistentes sociais, além de a profissão ser considerada de "ajuda social" (*social help*) e de haver um significativo número de profissionais não qualificados.

22. Mais pesquisas serão necessárias para clarificar por que a conexão entre Serviço Social e movimentos sociais, como o movimento de mulheres ou o movimento trabalhista, tem se tornado

Lorenz (1994) é outro autor que reconhece a importância da religião no surgimento do Serviço Social europeu que, para o autor, representa valores, tanto quanto um *expertise* técnico e, embora a história da educação em Serviço Social tenha tentado traçar uma forma de intervenção, afirmando sua base científica e de neutralidade, "as questões valóricas continuam intensas" (1994: 41). É neste sentido que o autor irá discutir a importância de quatro estruturas ideológicas que teriam sido, e continuam sendo, relevantes para a profissão, nos países europeus: o Cristianismo, a filantropia, o feminismo e o socialismo.

Em relação à importância do Cristianismo, afirma Lorenz que o Serviço Social surgiu no momento de modernização da Europa, exatamente quando a secularização estava se espalhando por todos os setores da sociedade e os "consensos religiosos" estavam sendo cada vez mais restritos a crenças privadas. Com isso, o papel proeminente das Igrejas (o autor está pensando principalmente na Católica) em muitas das formas originais do Serviço Social foi a principal resposta da Igreja para a secularização. As Igrejas entenderam que tinham de reconstituir sua legitimidade, por meio do serviço às pessoas e não mais em exibições de poder ou privilégio. Dessa maneira, acreditava-se que eles poderiam competir com o movimento socialista, numa ação mais efetiva entre as massas prejudicadas do que por meio da simples pregação. Com isso, a religião tornou-se, na sua expressão interior e subjetiva, uma matéria de crença pessoal e, na sua expressão exterior e objetiva, a demonstração de cuidado pessoal (*personal caring*) com outras pessoas.

A religião também se fez presente, de forma relevante, no Serviço Social norte-americano. Nesse país, a profissão surgiu vinculada ao trabalho organizado pelas *Charity Organizations Societies* — COSs —, tendo Mary Richmond como principal liderança. Foi por meio do treinamento de *charity workers* (que numa tradução mais livre pode ser identificado como "trabalhadores voluntários", embora a tradução literal seja "trabalhadores da caridade") que a atividade caritativa passou a ter o *status* de profissão e prover oportunidades para

---

tênue, enquanto a conexão com as Igrejas — que vem diminuindo — tem provado ser mais durável (Brauns e Kramer, 1986: 28).

reflexões e pesquisas acadêmicas, de que resultaram a formulação de idéias e princípios teóricos.

A experiência em trabalhos caritativos era um requisito para os alunos que ingressaram na primeira escola em filantropia, realizada pela *Charity Organization Society* de Nova Iorque, em 1898. Esta experiência resultou na formação do Instituto de Ciências Sociais, organizado pelas instituições de caridade. Em outras cidades dos Estados Unidos, as COSs seguiram esta iniciativa, transformando-se em Escolas de Serviço Social e sendo incorporadas a complexos universitários.

O *Settlement Houses* representa outro tipo de organização, que serve de base para o surgimento do Serviço Social nos Estados Unidos. Estas instituições, sob a liderança de Jane Addams, originaram-se do trabalho voluntário, realizado principalmente por universitários, engajados em trabalhos comunitários, na periferia das grandes cidades. O movimento era implementado em casas alugadas, que funcionavam como centros comunitários.

Segundo Bastos (1988), ao se realizar uma apropriada leitura do que foram estas duas experiências, pode-se perceber que os temas comuns a ambos os movimentos,[23] embora expressos de forma diferente, vinculam-se a três idéias e crenças importantes, na cultura norte-americana: a ética protestante, o liberalismo e o positivismo. Segundo a autora, a contribuição da ética protestante "e do calvinismo" foi a da idéia de que o homem deve criar riqueza e ser auto-suficiente; desta forma, o objeto de assistência seriam aqueles que, comprovadamente, não se mostrassem aptos ao trabalho.

Na América Latina, é a partir da ação da Igreja Católica que se verifica a emersão do Serviço Social. Um dos poucos estudos, senão o único, que mostra como este processo ocorreu é o de Castro (1987). O autor tem como fundamento da sua argumentação a premissa de que o surgimento do Serviço Social Latino-Americano só pode ser explicado "no interior do desenvolvimento das relações de produção capitalista, embasadas nas condições particulares de cada país latino-americano" (1987: 39).

---

23. Os três temas elencados pela autora são: "1. A intervenção privada e pública nos problemas sociais; 2. O interesse no comportamento científico e métodos de investigação; 3. O indivíduo *versus* a organização da sociedade e a concepção de mudança" (Bastos, 1988: 6).

A ação católica, protagonizada por uma intelectualidade laica e estritamente ligada à hierarquia católica, propugna, com uma visão messiânica, a recristianização da sociedade, por meio de um projeto de reforma social. Estes núcleos leigos, orientados por uma retórica política de cunho humanista e antiliberal, com forte viés romântico (Iamamoto, 1992), lançam-se a uma vigorosa ação, pretendendo penetrar em todas as áreas e instituições sociais, ao criar mecanismos de intervenção em amplos segmentos da sociedade. Além da ação católica, as Encíclicas Papais, *Rerum Novarum* (1891) e *Quadrigesimo Anno* (1931) tiveram um forte impacto na ação católica exercida na América Latina e, especificamente, garantindo um fundamento religioso para a ação profissional, já que focavam para uma alternativa cristã, tanto ao socialismo, quanto ao capitalismo.

A primeira Escola de Serviço Social latino-americana foi fundada no Chile, em 1925, por Alejandro Del Rio, tendo como principal influência a experiência católica belga. Em 1929, sob a influência da União Católica Internacional de Serviço Social — UCISS —, fundada em 1925, na Itália, forma-se a primeira Escola Católica de Serviço Social — Escola Elvira Matte de Cruchaga. Comenta Castro que a Igreja Católica não esteve ausente do processo constitutivo do Serviço Social, pois sua marca estava gravada ali, desde os tempos remotos, uma vez que a Igreja foi a principal promotora das obras de caridade e difusora permanente do seu pensamento e doutrina, que "fecundaram as protoformas do Serviço Social" (Castro, 1987: 67).

Também, segundo as informações de Castro, no Peru, Argentina, Colômbia, Venezuela, Cuba e Brasil a influência católica desempenhou um relevante papel, na criação das Escolas de Serviço Social, tendo todas, como influência decisiva, a ação da UCISS, por meio de seu escritório, estabelecido no Chile, exatamente na Escola Elvira Matte de Cruchaga.

Castro chama a atenção para o ideário difundido pela Escola de Serviço Social chilena. Mais do que profissão, o Serviço Social de cunho católico era tido como uma vocação, o que significava a adoção de uma entrega incondicional e de um espírito de sacrifício no cuidado, tanto do corpo quanto da alma. Era um tipo de prática que já tentava instrumentalizar os valores e virtudes cristãos com elementos técnicos e "científicos", visando obter um desempenho mais eficaz na prática assistencial.

Outro traço importante na criação das Escolas de Serviço Social, na América Latina, mais especificamente no Chile, é o fato, ressaltado também por Castro, de que em outros cursos formados sob o auspício do Estado (como a Escola de Del Rio) "nem por isso a iniciativa esteve isenta da poderosa inspiração religiosa de organizadores, docentes e alunos" (Castro, 1987: 73). Este comentário abre ainda a possibilidade de importantes derivações como, por exemplo, não se atribuir de forma imediata uma conotação laica ou secular aos cursos de Serviço Social, exclusivamente por eles estarem localizados em órgãos estatais. Assim também a de que, independente de onde o curso esteja situado, é a "inspiração religiosa" dos organizadores, docentes e alunos, que a ele atribui o caráter religioso.

Assim é que os critérios de admissão da Escola Elvira Matte de Cruchaga, depois seguidos no Uruguai, Argentina, Colômbia, Peru, Venezuela e Cuba previam não só critérios etários, como atestado de boa saúde, mas também antecedentes probatórios de honorabilidade e recomendação paroquial, atentando para que o candidato tivesse uma sólida educação religiosa. "A seleção era sumamente rigorosa, quase como se se tratasse do ingresso numa entidade religiosa" (Castro, 1987: 74).

Ainda tratando de países latino-americanos, Midgley lembra que as Escolas de Serviço Social foram criadas, nessa região, no período anterior aos anos 1950. O Uruguai, por exemplo, teve seu primeiro curso em 1937, "por uma orientação religiosa" (1981: 63). Já a Escola de Costa Rica, criada em 1942, teve sua fundação realizada por um grupo de voluntários.

Estas experiências mostram que a formação dos assistentes sociais, por meio de escolas religiosas, contribuiu para a formação de um *ethos* profissional, em que a idéia de ajuda ao ser humano e os valores religiosos e afetivos eram parte integrante do agir assistencial profissionalizado. De fato, não era "qualquer um" que podia ingressar nesta carreira. O candidato precisava ter atributos próprios que o qualificassem enquanto tal. Estes qualificativos estarão relacionados, em grande medida, com a questão do *expertise* profissional e das fronteiras entre trabalho voluntário e profissional.

O problema do expertise *e as fronteiras com o voluntariado*

Os problemas da fronteira pouco definida entre o trabalho voluntário e profissional e a questão do *expertise* são assuntos que têm dinâmicas diversas, assim como obedecem a trajetórias próprias, como foi visto anteriormente neste capítulo. No entanto, a literatura analisada apresenta estas duas questões de forma muito articulada. A análise, a seguir, distingue os dois grupos de problemas, apenas quando eles já aparecem em separado na bibliografia consultada.

O problema de se estabelecer um *expertise* profissional começa, primeiro, por uma dificuldade semântica: não existe, como mostra Brauns e Kramer (1986), em todas as experiências européias, uma definição única para o significado de "Serviço Social". Além disso, em cada país a profissão "Serviço Social" engloba um âmbito próprio de atividades. Enquanto na Irlanda e Inglaterra *social work* não inclui trabalhos comunitários e com jovens, na Alemanha estas atividades caracterizam proeminentemente o que se entende por *social pedagogy* (Pedagogia Social).

Para além disso, a prática de Serviço Social profissional, na Europa, compreende pessoas que são treinadas, em diferentes instituições e com programas educacionais variados. Na Alemanha[24] e na França, por exemplo, existem instituições de ensino médio que formam assistentes sociais, não deixando que se perceba se estes profissionais constituem, de fato, um grupo à parte ou se podem ser incluídos em grupos de profissionais com nível superior de formação. Na Inglaterra, até o ano de 2003, inclusive, era possível se formar, realizando um curso de dois anos, para tornar-se qualificado em Serviço Social; ou três anos, recebendo o diploma de Serviço Social. Ambos, no entanto, são considerados como assistentes sociais, apesar das diferentes qualificações.

Com habilidades e estruturas curriculares diversas, além de o Serviço Social europeu envolver, em cada um dos países, âmbitos de atuação distintos, o problema semântico acaba derivando na dificuldade de definição de como se compõe o *expertise* profissional: mais treinamento e técnica ou mais teoria e erudição? O que exatamente significa, para o

---

24. Um estudo específico sobre o desenvolvimento da teoria no Serviço Social alemão pode ser encontrado em H-U. Otto (1999).

desempenho profissional, a diferença entre aqueles que se formaram em cursos que só tinham dois anos e os que se formaram em cursos de três anos (ou mesmo em quatro, como ocorre no Brasil)? E, ainda, se os campos de atuação não são os mesmos, o que exatamente pode criar uma identidade profissional que esteja acima dos requerimentos nacionais? Estas respostas não podem ser aqui fornecidas, mas elas indicam o tamanho do problema, quando se pensa em "qualificação profissional".

Em todos estes países, há uma constante tensão entre o *status* acadêmico e as demandas práticas diárias. Para Brauns e Kramer (1986), esta tensão deriva da difícil coexistência de uma base disciplinar/"científica" eclética de um lado e um treinamento vocacional de outro. Até os anos 1980, nenhum dos países europeus tinha encontrado uma solução inteiramente satisfatória para isto, embora todos tenham tentado dar-lhe algum encaminhamento.

Os trabalhos de Kornbeck (1998) e Giarchi e Lankshear (1998) discutem o processo de profissionalização do Serviço Social na Europa. Um dos grandes problemas apontados pelos autores é a ausência de um consenso sobre a natureza, ou o que é o Serviço Social. Além disso, para os autores, é difícil estabelecer quais teorias e habilidades são centrais para a profissão. Após analisar o desenvolvimento das atividades de assistência em todos os países europeus, com suas peculiaridades internas, os autores afirmam que "é claro que há uma considerável evidência das dificuldades de se identificar o que é o Serviço Social como profissão ou como uma ocupação" (Giarchi e Lankshear, 1998: 34).[25]

O que leva os autores a esta conclusão é o fato de a assistência social profissionalizada não ter conseguido se estabelecer e consolidar em muitos dos países analisados. Alguns dos exemplos dados pelos autores são: na Inglaterra, um terço dos assistentes sociais não são qualificados; na Finlândia, as profissões de cuidado social (*care profession*) têm sido realizadas, crescentemente, por setores privados e voluntários, em detrimento do Estado; também na Suíça, o cuidado social (*social care*) é muito mais responsabilidade do setor privado não-lucrativo e das Igre-

---

25. Lorenz expressa também esta preocupação, quando analisa o cenário europeu, e afirma: "essas comparações internacionais constantemente pedem a pergunta: é isso ainda Serviço Social, é Serviço Social o nome certo para esta atividade?" (1994: 7).

jas do que do Estado; um último exemplo é o caso de Luxemburgo, em que o cuidado social segue uma tradição que vem da Idade Média e é baseada sobre valores religiosos. Percebe-se o quanto o problema do *expertise* está relacionado com as fronteiras pouco definidas entre o trabalho profissional e o voluntário.

Brauns e Kramer (1986) afirmam existir um amplo ceticismo público em relação às atividades profissionais, nos últimos anos (anos 1980), em muitos dos países desenvolvidos. Em grande parte, atribui-se este ceticismo exclusivamente à crise financeira do *Welfare State*. Os autores afirmam, ainda, que este ceticismo é derivado, também, de uma crise de identidade do próprio Serviço Social. A competição entre os trabalhos voluntários e as iniciativas de auto-ajuda,[26] de um lado, e as outras profissões, de outro, têm forçado os profissionais de Serviço Social a justificarem seus custos.

Questões e problemas semelhantes ocorreram na implantação do Serviço Social na América Latina e na África. Ao tratar do Serviço Social nestas localidades (generalizado pelo autor como Terceiro Mundo), Midgley (1981) afirma que até os anos 1960 não havia um acordo sobre o que propriamente qualificava um curso como profissional ou não profissional. Diferenças na extensão dos cursos, diferenças culturais de cada país, incidindo sobre os currículos e campos de atuação também variados, favoreciam uma difícil formação da identidade profissional. Assim, a padronização da qualificação e dos títulos profissionais torna-se uma importante tarefa para as associações profissionais latino-americanas, segundo o autor.

No México, por exemplo, somente nove de trinta e sete cursos de Serviço Social têm *status* acadêmico, e os restantes são considerados como vocacionais e centros de treinamento pré-profissional. Problemas similares foram detectados em diversos países. Nos países africanos francofônicos, o Serviço Social era provido originalmente por Escolas de Enfermagem. Na Escola de Enfermagem de Mali, fundada em 1961, por exemplo, os estudantes podiam escolher entre formar-se como *Aidés Sociales* (Socorro Social) ou *Assistantes Sociales* (Assistentes Sociais), com-

---

26. No entanto, mesmo dentro da profissão parece estar crescendo o senso de que auto-ajuda e esforços voluntários têm um papel relevante na prática do Serviço Social (Brauns e Kramer, 1986: 33).

partilhando um primeiro ano de treinamento básico, em assuntos de saúde, com estudantes de Enfermagem, para, em um segundo ano, receberem aulas de bem-estar social (*social welfare*).

Indefinições com o mesmo sentido, embora com uma formatação distinta, ocorreram na experiência japonesa. Ito (1995) mostra a rejeição à incorporação dos conhecimentos provenientes da influência norte-americana e inglesa do Serviço Social daquele país. Embora não houvesse problemas com a definição do *expertise* profissional no Japão, apenas a tentativa dos acadêmicos de incorporar elementos do budismo no ensino e na prática profissionais, adequando-os aos padrões culturais nacionais, mostra o quão frouxo e inconsistente era o conjunto de saberes importados.[27]

Além disso, nas agências de governo, estudantes aprendem a prática profissional sob a supervisão de pessoas sem qualificação, colocando em suspeição o que se define como próprio do âmbito profissional. Segundo Ito (1995), haveria uma estreita relação entre a inovação no campo do conhecimento do Serviço Social japonês e a atuação dos serviços voluntários. Afirma o autor que "quarenta anos de experiências depois da guerra mostram que a ausência de movimentos voluntários significa a ausência de serviços inovadores. Onde o serviço não é inovador, nenhuma nova teoria de Serviço Social pode surgir" (1995: 267). Além disso, o governo japonês ainda depende do setor voluntário para a provisão dos serviços sociais.

Também na Rússia pós-comunista os mesmos problemas se fizeram presentes. O Serviço Social surge, em 1991, e é considerado importante, no contexto de transição da Rússia, quando muitas pessoas tornaram-se socialmente excluídas. O objetivo do Serviço Social naquele país era prover suporte social, domiciliar, médico, psicopedagógico, serviços jurídicos e ajuda material, promovendo "reabilitação e adaptação social dos cidadãos em situação difícil de vida" (Iarskaia e Romanov, 2002: 124).

A profissão também não contava com um grande prestígio social ou com bons salários. Desta forma, menos de 30% dos assistentes sociais diplomados seguiram a carreira. Como no Japão, o crescimento da profissão ocorreu por meio da qualificação dos trabalhadores que já atua-

---

27. Os trabalhos de Shety (1996), Gore (1997), Ejaz (1991) e Bhaduri (1992) mostram que estes mesmos problemas ocorreram na Índia, onde se buscou incorporar a filosofia Hindu à profissão.

PEDRO SIMÕES

vam na área, mas ainda sem diploma. Assim também, a partir dos anos 1990, a participação do setor voluntário e das Igrejas associada às atividades promovidas pelo Estado foram os principais responsáveis pelo desempenho das atividades assistenciais naquele país.

O trabalho de Iarskaia e Romanov (2002) se reporta ao resultado de entrevistas realizadas com 19 mulheres e um homem, entre 24 e 51 anos, que trabalhavam no Serviço Social russo, em 1998, e suas experiências de trabalho. Quando perguntados sobre o papel do conhecimento (teórico-técnico) no Serviço Social, os informantes mencionaram vários tipos de saberes como relevantes, sem mencionar nenhuma habilidade específica da profissão.

O método de trabalho dos profissionais derivava da própria prática, e eles não viam a necessidade de ter nenhum conhecimento sistematizado. Um dos entrevistados afirmou: "Conhecimento de vida ajuda muito [...] precisa de gentileza, simpatia para as pessoas. Conhecimento não tem nada haver com isso" (Iarskaia e Romanov, 2002: 132). Na relação com clientes, eles afirmam ter um forte senso de dívida moral com eles, um forte sentimento de empatia, e ainda que os próprios assistentes sociais tomavam para si o sofrimento de seus clientes.

Desta forma, afirmam os autores que, antes de serem *experts* ou técnicos, os assistentes sociais russos mantêm o foco de suas atividades na caridade, patrocinada por valores ortodoxos religiosos, do período anterior à Revolução de 1917. O exemplo dado para ilustrar tal afirmação é retirado de uma das entrevistas, em que o assistente social afirmou: "É um prazer conversar com eles... Eu mesmo aprendo com eles. É interessante visitar estas famílias, falar com elas... Eu sou uma pessoa muito doente também e vejo como os outros lidam com uma situação similar" (idem).

Em uma profissão quase inteiramente feminina (98,5%), o profissionalismo do Serviço Social russo tem se dado por meio do desenvolvimento da empatia, como uma habilidade necessária ao trabalho com pessoas, para que se entenda como é possível ajudá-las, e não prejudicá-las. Baseado, então, no princípio da ajuda social,[28] para estas mulheres, nem o salário, nem o prestígio da profissão são o mais importante, mas

---

28. Uma das entrevistadas afirmou: "Eu gostaria de ajudar, com bondade, não de forma material, mas de forma puramente psicológica" (Iarskaia e Romanov, 2002: 133).

a auto-realização[29] que é possível obterem com estas atividades. Além disso, o trabalho flexível dos assistentes sociais permite que estas mulheres possam também cuidar de seus próprios filhos e parentes.

O Serviço Social parece, assim, possuir características bastante semelhantes nos diversos países em que ele foi estabelecido. Dada a importância difusora do Serviço Social norte-americano, na consolidação de cursos em toda a América Latina, África e Ásia, o quadro elaborado por Canda e Furman (1999), embora não possa ser generalizado, em termos temporais, para as demais experiências mundiais, serve de referência para uma questão importante, a ser analisada no próximo capítulo. Os autores mostram que, mesmo no período considerado como o de secularização do Serviço Social norte-americano, ideologias religiosas tácitas continuavam presentes nos serviços sociais do Estado. Veja o quadro:

Fases Históricas na relação entre Espiritualidade e Serviço Social Norte-Americano

	Características
Fase 1: Século XIX	Primeiros serviços sectários cristãos e judeus; Ideologias sectárias nos serviços governamentais; Início de ideologias humanistas não sectárias para serviços sociais.
Fase 2: 1920 a 1970	Profissionalização e secularização das instituições e ideologias de Serviço Social; Aumento do ceticismo na base religiosa do Serviço Social; Separação mais estreita entre Igreja e Estado na prestação dos serviços sociais; *Ideologias religiosas continuam nos serviços sociais governamentais tacitamente;* Ensino em Serviço Social separa religião de espiritualidade; Continuam existindo instituições privadas e sectárias de prestação e ensino de serviços sociais; Início de novas abordagens existenciais e não sectárias de Serviço Social.

---

29. "Eu sempre quis trabalhar com crianças"; "Eu sou de um tempo quando se começava a olhar o sentido da vida e uma vocação [...] gostaria de deixar uma marca no coração das pessoas" (Iarskaia e Romanov, 2002: 133).

Fase 3: De 1980 até hoje	Continuação de Serviço Social sectário em instituições privadas; Chamamento para uma abordagem que inclua a espiritualidade; Aumento de perspectivas espirituais religiosas e não-religiosas no Serviço Social; Rápido aumento de publicações e pesquisas relacionadas com o tema da religião e espiritualidade; Retorno de atenção sobre as questões da religião e da espiritualidade na educação de Serviço Social.

Fonte: Canda e Furman (1999); grifos meus.

Como foi dito, se a análise temporal não pode ser generalizada, é possível, no entanto, verificar que, em geral, após o período de gênese da profissão, em que a religião tem marcada presença, há a constituição de um período de secularização desta. No entanto, se na segunda fase ainda existem ideologias religiosas, atuando tacitamente na profissão, isso não ocorre por falta de uma secularização do conhecimento profissional, mas pelo conjunto de elementos analisados neste capítulo.

Somado a isto está o fato de que só é possível admitir a existência de elementos ideológicos tácitos na profissão, se os próprios profissionais perceberem nexos de sentido entre o seu fazer profissional e suas convicções religiosas. Estes nexos derivam, em parte, da fundamentação teológica/doutrinária que cada vertente religiosa confere a essas atividades (objeto do próximo capítulo); em parte, são uma expressão da própria identidade prática existente entre os trabalhos assistenciais profissionais e voluntários. A relação entre Estado e sociedade, no provimento dos serviços sociais, assim como a alternância em alguns países entre "profissionais" e "voluntários" para a execução dos mesmos serviços, atestou a fragilidade do Serviço Social como uma profissão e evidenciou que aqueles serviços estavam conectados com uma ideologia religiosa ou cívica.

Para além disso, os autores ainda chamam atenção para um ressurgimento do tema da religião e da espiritualidade no debate norte-americano e internacional de Serviço Social. Este ponto, no entanto, será analisado adiante neste estudo. A hipótese de trabalho, que buscará ser demonstrada, daqui em diante, é a de que os assistentes sociais atribuem sentidos e valores religiosos à prática profissional, acarretando tensões e dilemas ainda não devidamente tratados pela categoria.

Parte dos valores em que a atividade assistencial se baseia são, em alguma medida, ou originariamente, religiosos ou derivados de éticas religiosas. Estes, mais do que fazerem parte de um *ethos* nacional, estão incorporados nos próprios profissionais, através da experiência de vida que tiveram. Antes porém de chegar a este ponto, é necessário, ainda, mostrar quais são os fundamentos religiosos da assistência. Serão eles que propiciarão o estabelecimento de nexos de sentido entre a prática exercida pelos assistentes sociais e os valores religiosos. No próximo capítulo, serão identificadas as formas como as religiões (catolicismo e protestantismo) fornecem fundamentos para a prática assistencial, além de serem verificadas as formas de expressão das convicções em ambientes secularizados.

Capítulo 2

Fundamentos religiosos da Assistência Social

Como foi dito na Introdução, o reconhecimento da mediação religiosa no Serviço Social parte do suposto de que a ação assistencial guarda nexos de sentido com valores religiosos. A existência destes nexos possibilita a atribuição de valores religiosos à prática assistencial, mesmo quando esta ocorre em um ambiente institucional secularizado, como Estado e mercado.

As religiões cristãs protagonizaram, como vimos, não só a introdução dos cursos de Serviço Social em vários países, mas também mantiveram obras sociais, em que os assistentes sociais sempre se inseriam. Nos países em que não havia essa tradição, choques culturais de cunho religioso existiram, exatamente, porque os fundamentos valóricos do conjunto de teorias e metodologias empregadas eram importados e estavam ancorados em pressupostos ou do catolicismo ou do protestantismo.

A seguir, serão apresentadas as bases religiosas para o exercício da assistência social, enfatizando os contextos em que predominaram o catolicismo e o protestantismo, já que são essas duas religiões as que mais diretamente se relacionam com a história do Serviço Social.

2.1 A afinidade entre católicos, protestantes e a Assistência Social

Uma das maneiras, talvez a mais apropriada, para demonstrar a afinidade entre o catolicismo ou o protestantismo e a assistência social seria quantificar a relevância dessas práticas para ambas as religiões. No entanto, o caminho seguido neste capítulo sugere a justificativa moral e religiosa para a prática assistencial. Nesse aspecto, cada uma das tradições religiosas irá estabelecer embasamentos próprios para a assistência.

Católicos e protestantes teriam, segundo Weber (1994), uma forma distinta de lidar com o trabalho assistencial, forma esta derivada da ética da salvação, presente em cada uma das religiões. Para os católicos, a salvação dá-se basicamente pelas obras. Estas podem ser entendidas, segundo a análise de Weber sobre o catolicismo, como atos caritativos dispersos[1] (ou seja, não necessariamente sistemáticos), em que cada gesto de bondade compensaria, em alguma medida, pecados anteriormente cometidos pelo fiel, em um ciclo de pecado, arrependimento, reparação, relaxamento, seguido de novo pecado. Mesmo contendo uma forma frouxa de controle sobre a vida do crente, a centralidade da salvação dos católicos nas obras os faz buscarem estruturar trabalhos comunitários e assistenciais.

Nesta ética, o pobre ou o desgraçado são instrumentos privilegiados para que o rico pratique a caridade, obtendo, assim, a salvação. Desta forma, a prática de obras assistenciais esporádicas e assistemáticas é suficiente para "apagar pecados", remover culpas pelo enriquecimento, seja ele lícito ou não. Além disso, dentro desta perspectiva, a caridade é benéfica, tanto para o rico, quanto para o pobre, uma vez que ambos ganham sua salvação, sendo que a salvação do pobre advém de sua resignação ante a condição de pobreza (Castel, 1998).

A ética calvinista não coloca a ação caritativa (as obras) na centralidade da salvação. A única possibilidade de saber se o fiel será salvo ou não está na dedicação de sua vida para a "glorificação de Deus".[2] Desta

---

1. Diz Weber que as "obras" do cristão médio da Idade Média "não formavam necessariamente um sistema integrado ou, pelo menos, racionalizado, mas permaneciam como uma sucessão de atos isolados. Ele podia usá-las, conforme as exigências da ocasião, para separar determinados pecados, para melhorar suas possibilidades de salvação ou, ao aproximar-se o fim de sua vida, como um tipo de prêmio de seguro. Naturalmente a ética católica era uma idéia de 'intenções'. Mas a *intentio* concreta de um ato isolado determinava seu valor" (1994: 81).

2. A doutrina da predestinação afirmava que os eleitos de Deus à salvação já eram escolhidos antes do nascimento. No entanto, as "bênçãos" recebidas pelos fiéis dariam a eles esta certeza. A prosperidade material, aliada a uma vida regrada, seria um sinal destas "bênçãos".

forma, toda a vida do fiel deve ser um exercício de "boas obras" pois, por meio delas, ele alcançará a santificação da vida. Somente por meio de uma vida santificada, e da ação consciente de glorificação de Deus, em cada ato da vida profana, é que há a certeza da salvação. Neste sentido, a ética da salvação calvinista empurra o fiel para o exercício regrado das atividades cotidianas, incorporando uma interpretação totalmente diversa da católica sobre o sentido da santificação da vida, entendida, pelos católicos, como a vida monástica ou a renúncia/alheamento da vida profana (Souza, 1999).

Conseqüentemente, o "seguir a vocação" ganha um sentido absolutamente religioso e passa a ser a própria finalidade da vida. Cada um recebe, como um mandamento de Deus, uma vocação, para que trabalhe para a sua glorificação. É a vida profissional que dá ao homem um treino moral, por meio do zelo ao trabalho metódico, tornando-o capaz de cumprir sua vocação. Três são os sinais de aprovação de Deus para a vocação seguida: critérios morais, a importância dos bens individuais para a coletividade e, do ponto de vista prático, o mais importante critério: a lucratividade individual do empreendimento. A riqueza passa a ser vista como um sinal de Deus, e o cristão autêntico deve saber utilizá-la.

Assim, toda a ocupação que não contivesse um sentido de utilidade, de propósito, de finalidade superior aos interesses puramente mundanos era considerada uma forma pouco louvável de aproveitamento das oportunidades conferidas por Deus. O homem — o rico, em particular — é apenas um guardião dos bens que lhe foram confiados, tendo que prestar contas até o "último centavo". Assim, o ascetismo secular opunha-se ao usufruto irracional da riqueza e, de certa forma, restringia o consumo, especialmente o consumo do luxo; e o protestantismo ascético representa uma enorme tentativa de racionalizar a condução da vida sob um único valor: o de que a vida terrena deve ser concebida apenas como um meio, sendo o homem um instrumento de Deus para o aumento da glória divina na Terra.

O importante desta discussão é o fato de que um dos meios considerados como legítimo de gasto do dinheiro acumulado era a doação ou o trabalho caritativo. Dar mais para receber mais, ou melhor, quanto mais se dividem e se partilham os bens de Deus, mais crescem as graças de Deus sobre aquele que age de forma desprendida. O trabalho caritativo ganha, então, um significado inteiramente distinto do significado atribuído pelo catolicismo. Não está na centralidade da ética da salvação, mas não deixa de ser uma derivação quase necessária da adoção do puritanismo.

Se é verdade que a assistência social é um importante elemento para as duas religiões, cada uma a desenvolverá, segundo princípios que lhe são próprios. Duas diferenças importantes devem ser ressaltadas: primeiro, o caráter individualista e coletivista (comunitarista) de cada uma; segundo, o exclusivismo do trabalho da Igreja, como expressão privilegiada do trabalho assistencial. Ambas as características estão associadas e reforçam-se mutuamente.

Estas duas diferenças são parte da origem da prática assistencial, em cada uma das religiões. O catolicismo já detinha uma prática comunitária e paroquial, que era anterior à época moderna. Com isso, o sentido do trabalho comunitarista e assistencial católico guarda as marcas deste tempo: sua formação, com forte sentido hierárquico e tendo a comunidade local como centro de atuação e critério de elegibilidade (Castel, 1998), além de tê-la como estrutura societária modelar. Esta é a razão por que o pensamento social da Igreja Católica foi identificado como expressão de um conservadorismo romântico, de um romantismo anticapitalista (Miranda, 1995), já que buscava, por meio de sua prática paroquial, resguardar e preservar um tipo de formação social que já havia sido desestruturada, com a formação das cidades e com as novas formas de organização da vida social, decorrentes do capitalismo (Nisbet, 1980; Löwy, 1990; Mannheim, 1986).

Além disso, o espaço da Igreja, no catolicismo, abarca todas as necessidades religiosas e sociais dos seus fiéis. O sentido hierárquico da organização permite que ali se encontrem aqueles que têm tanto a possibilidade de redimir os pecados dos fiéis, quanto de legitimar, com os melhores propósitos e do melhor modo, o sentido do trabalho comunitário. As iniciativas individuais devem estar todas subordinadas às estruturas hierárquicas, já que nestas os deveres têm precedência sobre os direitos. Putnam (1996) mostra que, na Itália católica, esta forma fechada de organização faz da religião "uma alternativa à comunidade cívica e não um elemento integrante desta" (1996: 120). A estrutura hierarquizada desta instituição não estimula, segundo o autor, a criação de vínculos horizontais de solidariedade.

Enquanto o conceito de igreja, próprio ao catolicismo, está relacionado à hierarquia e ao elitismo, o de seita está vinculado à idéia de associação voluntária de fiéis, tendo o indivíduo certa prioridade sobre a comunidade religiosa. Desta forma, as seitas protestantes — por terem rompido e subtraído a autoridade papal — preparam as pessoas para a independência, a autonomia intelectual, a quebra das tradições e da hierarquia.

A autonomia individual, ou o individualismo, base das sociedades modernas, é reforçada e ratificada pela ética da salvação calvinista. É com Calvino que o crente deixa de ter sua salvação garantida pelo simples vínculo institucional ou pela realização de algum rito ou tarefa. A salvação é uma incógnita para cada um dos fiéis, cabendo exclusivamente a cada indivíduo, em particular, tentar reconhecer, em sua vida, os sinais de eleição divina. Estes seriam expressos tanto pela vida regrada e pela obediência às normas, quanto pelo sucesso material (Souza, 2000).

Foi nos Estados Unidos que o individualismo moral teve sua mais clara expressão, uma vez que o país não teve um legado cultural oriundo da herança feudal. Desta forma, o individualismo, inerente ao capitalismo, é reforçado e não combatido (como no catolicismo) pela religião. Como a análise tocquevilliana demonstra, a base comunal norte-americana em nada pode ser comparada com a das aldeias feudais, já que elas se afirmam por serem uma soma de indivíduos morais, cujas ações são interessadas. No entanto, independente desta peculiaridade norte-americana, onde quer que o protestantismo hegemonize o cenário religioso, desenvolve-se, ali, um espírito de seita.

Quando Weber se reporta ao conceito de seita, está se ferindo à característica própria do protestantismo de "formar uma nova Igreja, mas apenas [para] reavivar o espírito ascético dentro da antiga" (1994: 65). Dada a importância do indivíduo para os protestantes, houve "variações sobre o mesmo tema", ou seja, novos grupos surgiram conforme as discordâncias existentes dentro de uma Igreja ou mesmo da revelação de alguma nova liderança carismática. Weber chama de seitas estas novas organizações, que pouco diferem umas das outras, mantendo, no entanto, um conjunto de noções e credos comuns. Além disso, este conceito refere-se ainda à "associação voluntária do membro adulto, a partir de qualificações éticas adquiríveis individualmente" (Souza, 1999: 48), tendo, portanto, uma característica de filiação e escolha consciente.

Exatamente esta característica de filiação leva à existência de um espírito de seita e acarreta por suposto, a existência de uma confiança intersubjetiva entre seus membros. Esta confiança possibilita que ocorram formas de associação que agregam fins de interesse comum, para além da comunidade familiar. O caráter instrumental e utilitário das mesmas faz que, nelas, não se confundam relações afetivas com relações de interesse. É esse aspecto fundamental que possibilita relações horizontais de interesses entre iguais, em contraposição às relações verticais e hierarquizadas entre não-iguais, segundo o modelo da comunidade familiar.

Em países de tradição protestante, principalmente nos EUA, embora existisse uma separação entre Igreja e Estado, havia uma necessidade econômica e social fundamental da afiliação religiosa, pois o não-pertencimento a uma seita significava ruína econômica, perda de crédito e de clientela. Era o pertencimento à seita que produzia a "confiança intersubjetiva", como precondição para a aceitação de um membro no mercado.

Este princípio, originado do espírito de seita, ao se secularizar, significou a substituição da afiliação a uma religião, pela adesão nas mais diversas associações, sociedades, clubes e universidades, expandindo-se para todas as esferas da vida, até mesmo para a política. Para que se mantivesse a "confiança", era preciso um severo controle da comunidade sobre os associados, única instância capaz de admitir e atestar sua qualificação. Afirma Souza, que "temos aqui uma interessante influência religiosa do princípio localista e comunitário americano" (Souza, 1999: 48).

Desta forma, a ética da salvação protestante não só não coloca o trabalho assistencial como central, como também estimula o associativismo e o trabalho voluntário, realizado fora da instituição religiosa. A atitude interessada, base do associativismo moderno, seria um antídoto, segundo Tocqueville (1987), para os efeitos negativos do individualismo. E, para o autor, a atitude, baseada no interesse ("bem compreendido"[3])

---

3. O "interesse bem compreendido" significa a justificativa de sacrificar-se pelo outro, não porque seja grandioso fazê-lo, mas porque, "servindo aos seus semelhantes, [cada um] serve a si mesmo", e que tais sacrifícios "são tão necessários àquele que os impõe como àquele que dele se aproveita", ou ainda que "o amor esclarecido por si mesmos leva-os incessantemente a ajudar-se entre si e os dispõe a sacrificar, de boa vontade, ao bem do Estado, uma parte de seu tempo e das suas riquezas" (Tocqueville, 1987: 401).

e no utilitarismo, "não seria capaz de tornar um homem virtuoso", mas seria capaz de tornar muitos cidadãos "corretos, temperantes, moderados, previdentes, senhores de si mesmos", sendo o "interesse bem compreendido" a forma típica de virtude moderna.

Assim, Tocqueville critica o virtuosismo católico do período feudal, quando "indivíduos ricos e poderosos" gostavam de professar que era glorioso esquecer-se de si mesmo, realizando o "bem sem interesse, como o próprio Deus" (idem: 401). Em contraposição a este tipo de atitude virtuosa, a ação correta e honesta passa a fazer parte de todos os pequenos atos e âmbitos da vida social. A criação de uma vida associativa e de laços horizontais nada mais é do que uma derivação deste princípio. Cada um utiliza um pouco do seu tempo para uma atividade coletiva, na medida em que este é o meio necessário para expressão e garantia de interesse.

A ação virtuosa é, como já foi visto, uma necessidade para a salvação, portanto, age-se desta forma por interesse. Além disso, afirma Tocqueville, "os pregadores americanos [...], para melhor tocar os seus ouvintes, fazem-nos ver todos os dias como as crenças religiosas favorecem a liberdade e a ordem pública", deixando em dúvida se o objeto principal da religião é proporcionar "a felicidade eterna no outro mundo ou o bem-estar neste" (1987: 404).

Com esta virada "do céu para a terra", o protestantismo reforça o que Rousseau (1978) chamou de religião civil. A religião passa, então, a ser vivida como um "hábito do coração"[4] e a impregnar todas as instituições sociais, contaminando-as, por dentro.

2.2 Outras afinidades

Os assistentes sociais, principalmente norte-americanos, têm encontrado nas religiões não-cristãs, como xamanismo, hinduísmo, budismo, entre outras, vínculos com a prática assistencial. Estes se dão, basicamente, pelo reconhecimento de que, dada a filiação religiosa da clientela, alguns requisitos mínimos precisam ser reconhecidos e respeita-

---

4. Ver Herberg (1955) e Bellah et al. (1985).

dos, em seu entendimento. É preciso haver, portanto, por parte do profissional, uma mínima interação com o conjunto de dogmas e ritos que compõem as crenças da clientela atendida, para que não ocorra nenhuma forma de preconceito ou desrespeito para com elas.

Em todos estes trabalhos, existem algumas recomendações de como o respeito à religiosidade dos clientes termina por afetar o próprio trabalho profissional. Alguns poucos reconhecem que incorporar elementos do budismo, por exemplo, poderia ser benéfico para o Serviço Social em qualquer situação de atendimento e não exclusivamente com usuários que sejam desta filiação religiosa. Há, inclusive, propostas de alteração ou configuração da prática profissional, segundo estas referências religiosas. Estes textos serão tratados, com mais cuidado, quando forem analisadas as formas como a religião tem sido apreendida pelos assistentes sociais.

Faltaria, então, tratar de uma religião que, pela sua forma de difusão, constitui-se em uma vertente religiosa brasileira, que é o espiritismo [kardecista]. Para além do catolicismo e do protestantismo, o espiritismo se destaca, no cenário brasileiro, como provedor de serviços assistenciais. Em todos os estudos que puderam ser consultados a respeito desta vertente religiosa, a prática da *caridade* aparece como um elemento central.

Camargo (1973), em seu estudo pioneiro sobre o espiritismo, ao reconhecê-lo como uma importante tradição religiosa brasileira, afirma que ele "também desenvolveu peculiar capacidade de apresentar interpretação coerente do mundo, explicando a posição dos indivíduos nas estruturas de estratificação social e orientando praticamente a conduta" (1973: 163). De acordo com a análise do autor, a caridade tem uma relevante posição dentro deste ideário religioso, "abrangendo não somente o campo assistencial como também o educacional" (idem).

No estudo de Cavalcanti (1983), a autora afirma que, partindo de um princípio evolucionista, a trajetória de cada indivíduo deve ser traçada por ações caritativas, referidas sempre a um outro, já que "um dos requisitos fundamentais para que ela [a trajetória evolutiva] se dê é o 'amor ao próximo'" (1983: 65). Desta forma, "nesta relação entre o eu e o outro terreno, a *caridade* ocupa um lugar central", pois "é um serviço de *amor ao próximo*" (idem; grifos do original).

Ao tratar do espiritismo,[5] Prandi afirma que, desde o final do século XIX, o espiritismo se constitui como agência de cura dos males do corpo e da alma. Baseada em princípios da caridade, para o autor, o que a "religião de Kardec" quer é, antes de mais nada, ajudar aos que precisam. "Se puder convertê-los, melhor, mas nunca deixará de praticar a ajuda desinteressada aos desvalidos" (Pierucci e Prandi, 1996: 261).

Em seu estudo, Giumbelli (1995) ressalta que a caridade é, para os espíritas, a "chave da evolução e do progresso de cada 'espírito'" (1995: 10), para além do fato de Allan Kardec se ter utilizado do lema "fora da caridade não há salvação" como um contraponto à doutrina da Igreja Católica. Além disso, afirma o autor que "espiritismo e catolicismo não deixavam de concordar quanto aos fundamentos e aos objetos do imperativo ético da caridade" (idem), estando, em ambos os casos, a salvação referida à ajuda, que pode ser feita para o "outro", ou para o "próximo" personificado, tanto no "pobre", "desvalido" ou "necessitado", quanto (e ao mesmo tempo) para o "espírito imperfeito" (equivalente ao "pecador" no catolicismo). Segundo Damazio (1994), seria por meio da prática da caridade que o espiritismo teria se popularizado no Brasil.[6]

A relação direta ou indireta que as religiões atribuem à prática da caridade, ou das "boas obras", ganha importância, para profissões como o Serviço Social, na medida em que os valores, que fundamentam estas práticas, são também relevantes para a atividade profissional desenvolvida. É isto que será mostrado no próximo tópico.

2.3 A profissão como valor

Ao se mostrar que as doutrinas religiosas fornecem uma das possíveis justificações para a prática assistencial, pela similaridade de práticas, evidencia-se que os valores religiosos podem ser relevantes quando se busca e escolhe uma profissão como "Serviço Social" e que podem

---

5. Sobre o que é o espiritismo, sua cosmologia e sua história no Brasil, ver Cavalcanti (1983), Camargo (1973) e Damazio (1994).

6. "[...] tanto no Rio de Janeiro quanto no restante do país, popularizou-se o Espiritismo cristão com o seu corolário: a prática da caridade através do atendimento aos necessitados" (Damazio, 1994: 143).

colaborar para que os assistentes sociais permaneçam no desempenho de suas funções.

Anterior, porém, à discussão direta sobre as motivações para a escolha da profissão (que será realizada no capítulo seguinte), é preciso dizer que nem sempre o direcionamento para uma profissão ocorre por meio de critérios exclusivamente mercadológicos — como, por exemplo, a possibilidade de enriquecimento e mobilidade social — ou mesmo por razões vocacionais. A literatura que trata da sociologia das profissões identifica a escolha de carreiras como Enfermagem,[7] professor de ensino fundamental e Serviço Social — marcadamente femininas — associada a valores que não se relacionam diretamente com a lógica mercantil e que têm como uma de suas fontes a religião.

O estudo de Marinho (1986) sobre a Enfermagem mostra a forte influência religiosa na profissão, assim como a marcante presença feminina. Com isso, afirma o autor que "até hoje ela [a influência religiosa] está presente, pois a Enfermagem é percebida como uma 'carreira para servir' e espera-se que seus praticantes demonstrem 'altruísmo, abnegação e amor ao próximo'" (1986: 64). Desta forma, "o sentimento de religiosidade e a 'preocupação com o social' são dois aspectos bastante presentes em sua [da Enfermagem] 'ideologia profissional'..." (idem).

Ao observar a construção da identidade profissional da Enfermagem, Moreira (1998-1999) mostra não só o traço feminino da profissão, mas também como uma atividade que era realizada pela elite social, paulatinamente, passa a ser exercida por agentes de origem menos privilegiada. A autora mostra, ainda, que as práticas de Enfermagem conviveram com dilemas próximos aos do Serviço Social: pouca especialização do trabalho, associada a uma forte conduta valórica, identificada com o desprendimento e o sentido de vocação para a prática da ajuda e do cuidado. À medida que a Enfermagem passa a ter um caráter mais educativo (preventivo) que curativo, valores morais são atribuídos ao exercício da profissão. Estes recaem, como no Serviço Social, tanto no recrutamento dos profissionais, quanto na forma de atuação destes.

---

7. No trabalho de Abbott e Wallace (1990) há comparações diretas entre as profissões de Serviço Social e Enfermagem.

A Educação, principalmente voltada para os primeiros segmentos, tal como trata o trabalho de Mello (1982), é também uma profissão feminina, realizada pelos estratos menos favorecidos da população e com forte carga valórica. Em seu texto, a autora tenta mostrar que é possível sair dos esquemas moralizantes, próprios de uma educação mais tradicional, para a incorporação de valores que levem a escola a ser um espaço em que se firmem compromissos políticos. O título de um dos capítulos, "Muito amor, muita doação e pouco salário", é bastante elucidativo. Embora a postura da autora frente a este tipo de comportamento seja crítica, a crítica só se torna necessária quando a conduta mais comum na prática educacional é exatamente aquela que a autora rejeita.

O trabalho de Rios (2001) novamente recoloca a questão da competência técnica *versus* o compromisso político do educador. Sua crítica recai, principalmente, na dimensão moral que a prática educativa tem para o próprio educador: "o romantismo [...] se revela, por exemplo, quando se confunde 'saber bem' ou 'fazer bem' com o conhecer o *bem*, fazer o *bem*" (1993: 49; grifos do original). A autora afirma ainda que a qualidade da educação tem sido constantemente prejudicada por educadores preocupados em "fazer o bem", sem questionar criticamente sua ação, assim como por aqueles que apenas consideram a dimensão moral da prática educativa. O "compromisso", sustentado na efetividade e na espontaneidade, é ainda um outro agravante na prática educacional.

Novamente, a alternativa à moralização é a politização. A autora não nega a importância da qualificação técnica na prática educativa, como para os assistentes sociais, mas não considera que apenas a qualificação técnica seja capaz de determinar o rompimento da influência religiosa nestas profissões. Neste ponto, os autores analisados concordam com ela.

Especificamente sobre o Serviço Social, o texto de Karsch (1987) identifica que o trabalho profissional não "é predominantemente técnico, nem científico", mas "comporta os fortes princípios de sua ética profissional" (1987: 80). Exatamente por esta característica, afirma a autora, o trabalho dos assistentes sociais se apresentaria inadequado para o trabalho em empresas, já que as "propostas teóricas do Serviço Social não são aplicáveis à prestação de serviços que é exigida nas instituições" (idem: 79).

Gentilli (2001) sustenta posição similar, ao afirmar que esta é uma profissão que se caracteriza historicamente por uma "ética comprometida" e não por um saber técnico e especializado. O centro da profissão, para as duas autoras brasileiras citadas, é a afirmação de princípios éticos com os quais os profissionais estariam comprometidos.

Alguns autores ingleses e norte-americanos têm identificado o trabalho profissional com o trabalho pastoral. Reese e Brown (1997) mostram que, no trabalho com doentes terminais, as discussões relativas a aspectos espirituais são feitas, preferencialmente, por clérigos, mas também por assistentes sociais (especificamente quando se trata da "ansiedade da morte") e também por enfermeiros, embora com menor freqüência (ver também Babler, 1997). Price (2001) e Furman e Fry (2000), por exemplo, afirmam que assistentes sociais e pastores (*clerics*) podem ser colaboradores, em vez de serem competidores, evitando assim duplicidade de serviços. As autoras não apenas mostram a similaridade de serviços prestados, mas também propõem que ambos os agentes podem, numa perspectiva holística, estabelecer um tratamento conjunto para seus clientes.

Além destes enfoques, o "altruísmo" foi debatido como sendo relevante para a prática profissional, em vários números da revista *Social Service Review*, nos anos 1993 e 1994. Embora a temática tenha sido enfocada como parte da discussão de gênero, dado o passado "religioso" da profissão, afirmações como a de que o altruísmo "é uma parte real e fundamental da natureza humana e é em grande parte a razão de existência do Serviço Social como profissão" e de que "para aqueles comprometidos com a ajuda aos desfavorecidos, o altruísmo deve ser uma preocupação central" (Wakefield, 1993; ver debate com Austin, 1994) mantêm a profissão próxima ao ideário religioso.

Leira (1994) também privilegia este enfoque. Embora a autora não trate, especificamente, do tema da religião, define o conceito de "cuidado social" (*social care*) a partir de elementos que, segundo ela, estariam vinculados a um ideário feminino, mas que também se aproximam dos valores religiosos como, por exemplo, a realização da ação de cuidado, como resultado de um ato de amor.

Estes exemplos mostram que a mediação de valores é uma das características nestas profissões, tornando-as mais identificadas com a ética da convicção do que com a ética da responsabilidade. Embora em permanente tensão com o saber técnico, é exatamente a ambigüidade entre valores e afeto, por um lado, e a racionalização, por outro, que parecem ser peculiares a estas carreiras. Estas observações podem parecer estranhas, quando se tem a literatura (nacional e internacional) do Serviço Social como parâmetro. No entanto, elas já nos fornecem uma forte indicação de que os "nexos de sentido" entre os valores religiosos e a assistência, de fato, manifestam-se na escolha da profissão e no próprio exercício assistencial.

2.4 Valores religiosos como forma de conduta

A partir das evidências estabelecidas, é preciso dar mais um passo, voltando a um importante ponto fixado desde a Introdução deste trabalho. O que a literatura da sociologia das profissões sinaliza — como pode ser observado nas evidências do capítulo precedente — é que os fundamentos da relação entre religião e Serviço Social agregam todos os elementos assinalados nas páginas precedentes, mas a eles não se restringem.

Vale ressaltar que esta relação é a resultante, mais ou menos direta, dos nexos de sentido que são estabelecidos, *pelos assistentes sociais*, entre os valores religiosos e a profissão. Desta forma, o passo seguinte é verificar se, de fato, os assistentes sociais são religiosos e se atribuem um valor religioso para a prática assistencial, ainda que de forma não explícita ou intencional.

A religião é, então, considerada neste trabalho como uma das importantes instituições sociais que compõem a sociedade, sendo fornecedora de uma moralidade social. Prover códigos de conduta não é uma atribuição exclusiva das instituições religiosas: o Estado, as corporações profissionais, assim como os sistemas formais de ensino, são outros exemplos de instituições que fornecem moralidade social, ou seja, atribuem valor às atividades e, o mais importante, definem um tipo de comportamento esperado para os indivíduos, em cada situação. Elas estabelecem um *dever ser*.

Segue-se, aqui, uma proposição de que o racionalismo econômico, embora dependa parcialmente da técnica e do direito racional, é ao mesmo tempo determinado pela capacidade e disposição dos homens, em adotar certos tipos de conduta racional. "Onde elas foram obstruídas por obstáculos espirituais, o desenvolvimento de uma conduta econômica também tem encontrado uma séria resistência interna. Ora, as forças mágicas e religiosas, e os ideais éticos de dever deles decorrentes, sempre estiveram no passado entre os mais importantes elementos formativos da conduta" (Weber, 1994: 11).

Segue-se, assim, a indicação da religião como um "entre os mais importantes elementos *formativos da conduta*". A depender da religião em questão, a ação religiosa pode se circunscrever aos ritos, à magia e à tradição ou a uma ética que, em geral, pode estar associada às formas precedentes de ação religiosa. Para nortear a análise aqui realizada, e sem negar outras expressões de religiosidade, *o "ser religioso" será identificado como aquele que adota, em sua conduta, uma ética ou uma moral derivada de princípios e valores religiosos.*[8] Desta forma, busca-se, por meio das vivências e representações subjetivas dos indivíduos, o sentido de suas ações, dado pelos próprios agentes (Souza, 1999).

Com isto, não se quer dizer que os assistentes sociais ajam de forma puramente religiosa. Tão pouco que a escolha da profissão ocorre, exclusivamente, derivada desta mediação. Para um contingente de profissionais, no entanto, a religião não só é relevante, mas também capaz de levar a resultante do trabalho profissional a ser identificada como uma expressão desta mediação.

A reprodução e a ação a partir de uma ética religiosa supõem que, em algum momento de sua vida, os indivíduos tenham sido submetidos a formas de socialização religiosa, incluindo-se a participação em igrejas ou templos. Em geral, a freqüência a estas instituições dá-se nos períodos iniciais de socialização dos indivíduos, quando existe algum tipo de cultura religiosa na família.

---

8. Expressões não institucionais de crenças com uma origem religiosa têm sido caracterizadas pelo termo de "espiritualidade". Parte destas expressões de espiritualidade mais recentes estão desvinculadas de uma ética religiosa. Embora esta seja uma tendência, como mostra o trabalho de Roof (2001), e mesmo que o termo "espiritualidade" venha sendo empregado de forma bastante ampla, na literatura profissional internacional, este estudo está preocupado e focado com as expressões valóricas e éticas derivadas das religiões e suas vinculações com o fazer profissional. Outras expressões religiosas ou espiritualistas que não tenham esta conotação não são objeto deste estudo.

Neste período, algumas diferenças importantes são verificadas entre católicos e protestantes. Weber chama atenção para que uma forma de diferenciação se dá na condução da educação dos filhos. Enquanto para o católico a educação é voltada para um ensino generalista e humanístico, com um cunho fortemente aristocrático, o ensino reproduzido pelas famílias protestantes estaria voltado para o mercado, ou seja, para o comércio e para a fábrica. Segundo Weber, a explicação desta diferença estaria exatamente nas diferenças mentais e espirituais, próprias da "atmosfera religiosa do lar e da família", que teriam influência tanto na escolha da ocupação, como na própria carreira profissional dos filhos.

Tocqueville (1987) ressalta os mesmos pontos que Weber, quando afirma que, na América, pela forma determinada como ocorreu a ocupação do norte dos Estados Unidos, "a sua [dos norte-americanos] educação termina, as mais das vezes, na época em que começa a nossa [dos franceses]" (1987: 48), marcando a diferença de um ensino mais aristocrático com outro mais técnico, voltado para a consolidação de um saber especializado e profissional. Este novo tipo de conhecimento é compatível com a necessidade, diz o autor, de os norte-americanos terem um emprego, uma profissão e, portanto, de terem um processo de aprendizado voltado para o mercado de trabalho. Desta forma, a educação é focada para uma matéria que seja "especial e lucrativa". O princípio utilitário torna-se pressuposto do conhecimento, e a ciência termina assumindo a função de "um emprego".

Esta maneira própria de se conceber o conhecimento parte da igualdade atribuída por Tocqueville à sociedade americana, tornando-a democrática, por princípio de formação. Estas distinções, encontradas nos textos dos dois autores clássicos, tendem também a se manifestar na profissão, uma vez que são aspectos bastante gerais da influência destas duas vertentes religiosas na educação.

Finda a fase da infância e da adolescência, contudo, a adoção e reprodução dos valores e ensinamentos daí apreendidos pode se dar independente da freqüência a templos e igrejas. Prandi, comentando a forma como a religião é vivida (especialmente o catolicismo) no Brasil, afirma que os católicos, "mesmo a despeito de pouco ou nada freqüentarem a igreja, nunca perderam os valores básicos do catolicismo tradicional, que são os da própria sociedade" (Pierucci e Prandi, 1996: 259).

Portanto, embora o vínculo institucional seja relevante para a caracterização do "ser religioso", ele não é necessário para que escolhas possam ser feitas, segundo valores advindos da religião.

Além disso, deve-se considerar que as ponderações de Weber e Tocqueville são bastante genéricas, abordando as diferenças entre as religiões como grandes tipos que não se expressam de forma pura, nem em ambientes culturais predominantemente protestantes ou católicos, nem tampouco na formação dada pelos pais aos seus filhos. Por isso, a ética de cada religião se manifesta, na vida profissional, associada a outros valores, principalmente àqueles inerentes à ação no mercado.

Os valores religiosos podem contribuir para a escolha, por exemplo, da carreira profissional a ser seguida. No entanto, em ambientes modernos, as ações tradicionais, afetivas ou valóricas de ação se subordinam à racionalidade instrumental. Isto significa que, em espaços como mercado e Estado, afeto, tradição e valores não se manifestarão na forma romântica ou tradicionalista, mas obedecerão aos imperativos do utilitarismo e da instrumentalidade.

As profissões são expressão da própria modernidade, como conseqüência da divisão e especialização do trabalho. Como lembra Giddens (2000), a divisão do trabalho obriga o homem moderno, independente do seu credo religioso, a adotar formas de ação igualmente disciplinadas e especializadas, tal como o puritano quando segue a sua vocação. Como a divisão e especialização do trabalho são um princípio organizativo da estrutura de trabalho social, então, qualquer tipo de inadequação a estes princípios, seja por valores éticos religiosos ou não, termina por acarretar prejuízos para o trabalhador sem afetar significativamente o processo produtivo.[9]

Os assistentes sociais mobilizam, privilegiadamente, afeto e valores como centro de sua atuação profissional. São estes que se instrumentalizam, na ação profissional assistencial, e que servirão como base de justificativa moral para escolhas realizadas. Uma das grandes dificulda-

---

9. Weber chama a atenção, em *A ética protestante e o espírito do capitalismo*, para que quando o capitalismo tornar-se dominante e emancipar-se de seus antigos suportes, aqueles que não se adaptarem às condições de sucesso capitalistas serão sobrepujados, ou "pelo menos não poderão ascender".

des vividas pela profissão foi a de tornar ações afetivas e valóricas em ações tipicamente técnicas e instrumentais. Esta é a razão pela qual a história da profissão registra uma constante tensão entre arte e ciência na ação profissional, acarretando um claro descrédito à atividade assistencial, pela indefinição de seus parâmetros "científicos".

Em 1974, por exemplo, nos Estados Unidos, Vigilante mostrava a tensão existente quando se tentava estabelecer parâmetros propriamente científicos para o exercício da profissão. Para o autor, a escolha dos instrumentos de conhecimento a serem utilizados pelos profissionais deveria estar subordinada aos valores humanitários da profissão.

Ao tratar do caso brasileiro, Netto (1991) chama a atenção para o fato de que, uma vez sendo incorporado pelas instâncias burocráticas do Estado e sendo estabelecido dentro das grandes empresas, o Serviço Social precisa se readequar funcionalmente às novas diretrizes assim estabelecidas. Mesmo com a definição de um programa curricular (elaborado nos anos 1960) que buscava responder a esta demanda, o Serviço Social brasileiro não conseguiu se submeter inteiramente ao quantitativismo e à objetividade próprios da burocratização dos serviços sociais. Assim, como no caso norte-americano comentado acima, o positivismo incorporado, desde os anos 1950, esteve subordinado aos valores católicos.

O trabalho de Crimeen e Wilson (1997) mostra como, no caso australiano, os assistentes sociais foram desafiados em sua ação profissional pela maior racionalização das políticas de bem-estar, promovida pelo governo conservador que assume o país em 1975. A profissão, que se baseava em valores como a justiça social, vê-se em um dilema entre cumprir sua agenda de promoção da "justiça" e se submeter às determinações da burocracia.

Com a racionalização do mundo social e seu conseqüente fetichismo, as ações valóricas passaram a ser tidas como expressão de irracionalidade, já que perdem a capacidade de estabelecer uma coerente relação entre meios e fins. É o que diz Weber, quando afirma que "quanto mais eleve o valor pelo qual se orienta [a ação] a um valor absoluto; pois quanto mais considere o valor próprio da ação (atitude moral pura, beleza, bondade absoluta, cumprimento absoluto dos deveres) tanto menos refletirá as conseqüências dessa ação" (Weber, 1994: 16). Os fins que a sociedade capitalista se propõe são o consumo, o conforto e o enriquecimento, no âmbito pessoal, e o lucro, na esfera produtiva.

Desta forma, a expectativa do comportamento do homem moderno é a de estar baseado em uma ética secularizada[10] e não mais religiosa. Principalmente porque, como afirma Weber no final de *A Ética Protestante e o Espírito do Capitalismo*, o racionalismo econômico passa a ter autonomia frente ao seu abrigo — a ética calvinista — e "atualmente determina de maneira violenta o estilo de vida de todo indivíduo nascido sob esse sistema, e não apenas daqueles diretamente atingidos pela aquisição econômica" (Weber, 1994a: 131).[11] Como será, então, racional a escolha de uma profissão que, de partida, se sabe que não irá promover tais conquistas?

Em verdade, o Serviço Social não promove tais conquistas, em termos. Nos países em que o *status* profissional é baixo, a procura pela profissão se faz, privilegiadamente, por setores de classe média-baixa, cujo ingresso na universidade e em uma profissão de ensino superior representa grande mobilidade social ascendente, como no caso brasileiro (ver Introdução). Assim, a incorporação de valores sociais como justiça social, a noção de ajuda, entre outros, como justificativa para o ingresso e escolha da profissão, não significa irracionalismo, mas uma forma de explicação racional para ingresso em uma profissão de baixo *status*.

A repetida alusão a valores nobres representa, além disso, uma forma de autopromoção da própria atividade desenvolvida. Se, dentro das possibilidades de escolha, Serviço Social (ou outras profissões afins) é a opção possível, dadas as poucas exigências apresentadas pelo pró-

---

10. Aqui recuperamos a seguinte conceituação de secularização: "implica abandono, redução, subtração do *status* religioso; [...] é a perda para a religião e emancipação em relação a ela"; "nos remete à luta da modernidade cultural contra a religião, tendo como manifestação empírica no mundo moderno o declínio da religião como potência *in temporalibus*, seu *disestablishment* (vale dizer, sua separação do Estado), a depressão do seu valor cultural e sua demissão/libertação da função de integração social"; "ela é resultado, conseqüência, de certa maneira um ponto de chegada, uma conclusão lógica do processo histórico-religioso de desencantamento do mundo" (Pierucci, 2000: 121-122; grifos do original). E desencantamento do mundo: "é um processo essencialmente religioso, porquanto são as religiões que operam a eliminação da magia como meio de salvação" (idem).

11. Os trabalhos de Polanyi (2000), Souza (1999), Prandi e Pierucci (1996) e Vianna (1997) vão mostrar vários aspectos de como esta nova forma de comportamento passa a atingir, indistintamente, todas as relações sociais.

prio curso, é preciso valorizar esta opção, mostrando que os salários modestos são compensados por valores nobres, mobilizados na ação profissional.

Assim, num certo sentido, as atitudes comportamentais são as mesmas, entre aqueles que buscam profissões reconhecidamente valorizadas no mercado e entre aqueles que ingressam em carreiras com menos *status*. Ambos estão interessados no sucesso, seja na forma do poder ou do dinheiro. No entanto, os primeiros não precisam de justificativas éticas para a sua escolha.

Mesmo que de forma subordinada, a adição de valores à prática profissional não deixa de produzir uma tensão entre o ser (ética da responsabilidade) e o dever ser (ética da convicção) profissional, própria do dualismo religioso das religiões cristãs. O "ser" é o próprio reino humano profano, o "mundo dos homens", a sociedade e o Estado, com sua racionalidade própria e sua burocracia, enquanto o "dever ser" é o reino sagrado e transcendente, em que se estabelece uma esfera autônoma para a moral (Souza, 2000). Esta última é concebida como um ideal que, por ser transcendente, torna-se utópico e passa a estar em constante conflito e tensão com os valores modernos.

O catolicismo e o protestantismo resolvem esta tensão de maneiras muito diferentes. O catolicismo, em sua versão medieval, pregava uma ética que provocava um alheamento do mundo, sendo a vida monástica o ideal de santidade. Mesmo com as encíclicas papais — *Rerum Novarum* e *Quadrigésimo Anno* — colocando a ação entre os pobres como central, a ética católica é de combate aos valores modernos, rejeitando as alternativas liberais e socialistas na busca da justiça social e constituindo-se, ela própria, um caminho alternativo. Por isso, Löwy (1998) afirma que há uma afinidade negativa entre o catolicismo e o "espírito do capitalismo".

Já o protestantismo, em sua versão calvinista, desenvolve o que Weber chama de uma "afinidade eletiva" com o capitalismo, ou seja, o racionalismo moderno é oriundo de um impulso indireto da adoção de um novo tipo de comportamento, próprio da incorporação do calvinismo. Como uma derivação de sua ética da salvação (já comentada no item anterior), a ação dos indivíduos torna-se metódica e racional, em relação ao trabalho (uma busca constante de especialização) e ascética, no trato com o dinheiro. Desta forma, há uma constante valorização das normas, das leis e das instituições, originando uma autodestruição, pela reificação destas. Deste modo, "o mesmo mundo que foi 'encantado' por meio do simbolismo vem a ser, por força da necessidade do reconhecimento das leis específicas que o regem, desencantado" (Souza, 1999: 45). A referência à obediência da norma abstrata é o que, para Souza, seria o critério definidor do que significa ser moderno (em contraposição à idéia de atraso).

Novamente, estas indicações são bastante amplas e não se manifestam de maneira pura. Pela agregação de valores à prática profissional, as profissões que são portadoras desta característica, como o Serviço Social, Enfermagem, Educação Primária, entre outras, incorporam, com graus diferenciados, uma tensão entre convicção e responsabilidade, conforme o sucesso que tenham conseguido no desenvolvimento de seu *expertise* e instrumentalidade profissional.

Embora as diferenças entre católicos e protestantes venham sendo exploradas na literatura acadêmica,[12] como duas grandes tradições que configuram projetos próprios de modernidade, dadas as características específicas do âmbito profissional tratadas neste capítulo, as peculiaridades de cada uma destas tradições se manifestam, de forma bastante matizada, nas profissões.

Além disso, como visto no capítulo anterior, o "padrão norte-americano" serviu de referência para muitos países, incluindo o Brasil. Valores "protestantes" foram exportados, assim como a forma de conceber a profissão e operacionalizá-la. No entanto, tanto lá como aqui, e em diversas experiências nacionais, o Serviço Social se tornou a resultante de valores importados e nativos, dificultando a identificação de uma única origem cultural, para a prática profissional.

A comparação entre Brasil e Inglaterra parece-nos, assim, frutuosa, na medida em que a aparente diversidade cultural em que estes países estão imersos pode revelar mais similaridades do que diferenças, na re-

---

12. Posições marcadas fazem parte do debate sobre "projetos modernos". Da Matta (2000 e 2001), Holanda (1995) e Barbosa (1999 e 1992), por um lado, propõem interpretações dualistas da realidade brasileira e se contrapõem a Barboza Filho (2000), Vianna (1997) e Morse (1988), que demonstram a existência de projetos distintos de modernidade: o ibérico e o anglo-saxão; ambas as interpretações confrontam-se com o estudo de Souza (1999, 2000, 2000a e 2003), que indica um único padrão de modernidade para todos os países.

lação entre religião e profissão. O importante a assinalar é que a identidade de valores existentes entre a prática assistencial profissional e as doutrinas religiosas contribui para que os que buscam escolher uma profissão possam fazê-lo, recorrendo aos valores religiosos em que foram socializados. No limite, permite que estes mesmos valores impregnem o próprio fazer profissional. É o que se verá nos próximos capítulos.

Parte II
Motivações e distinções

Capítulo 3

Só é arquiteto quem sabe desenhar

O que leva uma pessoa à escolha de determinada profissão? *"Se sei desenhar, se tenho este talento, então, ser arquiteto parece ser uma boa opção."* Este exemplo foi dado por um assistente social,[1] quando se referiu ao fato de que ninguém ensina a ninguém como fazer uma entrevista. O que se faz é treinar a pessoa, para que faça melhor algo que já sabe realizar, por ser uma habilidade sua. Segundo o entrevistado, assim também na relação desenho-arquitetura. No primeiro período do curso de arquitetura já é dado, por suposto, que todos que ali estão tenham a habilidade do desenho. Esta será apenas aprimorada e dirigida, para os fins dados pela profissão.

Quem não tem o "dom" do desenho também pode se tornar um arquiteto, assim como quem não tem um ouvido "musical" pode tornar-se músico, se souber ler a partitura. No entanto, dificilmente quem não tem habilidade para o desenho ou para a música será tão bom arquiteto ou músico quanto aquele que detém estes dons. Coloca-se então a questão: qual é o "dom" próprio para alguém ser "assistente social"? Que habilidade deve ser um "pré-requisito", para que se distinga um profissional "inato" da assistência daquele que foi apenas educado para tal?

Sem entrar na discussão do que considerar "dom inato", o importante é entender como ocorre o direcionamento e a focalização de certas tendências individuais para os fins de escolha de uma carreira, assim

---

1. A idéia foi reproduzida, mas esta não é uma citação literal.

como o sentido que determinadas habilidades assumem, conforme o processo de socialização individual, tornando-se relevantes na escolha da profissão. Isso porque o fato de se ter um bom "ouvido musical" não necessariamente levará alguém a ser músico, ou o saber desenhar à arquitetura. Outras tendências e habilidades podem ser reforçadas e educadas, a partir do convívio com determinadas pessoas[2] ou da ocorrência de algum fato marcante que dê sentido à vida, em geral, e à condução da carreira, em particular.

Desta forma, busca-se identificar se os assistentes sociais foram socializados em um ambiente religioso ou se tiveram, em suas vidas, algum evento associado à religião, relevante para a sua escolha profissional. O passo seguinte é verificar se esses são elementos que dão sentido à prática profissional dos assistentes sociais. Neste processo, determinadas "habilidades naturais", ou "cultivadas" (fruto da educação) seriam potencializadas, gerando uma sensação de vocação e chamamento para a ação assistencial. Então, mais do que identificar se os assistentes sociais são religiosos ou não, é preciso saber se as experiências de vida que eles tiveram, ligadas à religião, foram relevantes para a escolha da profissão.

Importa saber, então, qual a "vocação" dos assistentes sociais. Esteve ela associada a condutas, sentidos ou valores religiosos de que os assistentes sociais eram portadores? Isso será discutido a seguir, a partir do relato de assistentes sociais ingleses e brasileiros.

3.1 A vocação profissional no relato dos Assistentes Sociais

Como já foi dito anteriormente, os dados que serão analisados referem-se a casos de assistentes sociais brasileiros e ingleses. Na

---

2. Em *A Sociologia de um gênio*, Elias forneceu a inspiração teórica, por meio da seguinte passagem: "Para se compreender alguém, é preciso conhecer os anseios primordiais que este deseja satisfazer. A vida faz sentido ou não para as pessoas, dependendo da medida em que elas conseguem realizar tais aspirações. Mas os anseios não estão definidos antes de todas as experiências. Desde os primeiros anos de vida, os desejos vão evoluindo, através do convívio com outras pessoas, e vão sendo definidos, gradualmente, ao longo dos anos, na forma determinada pelo curso da vida; algumas vezes, porém, isso ocorre de repente, associado a uma experiência especialmente grave. Sem dúvida alguma, é comum não se ter consciência do papel dominante e determinante destes desejos (Elias, 1995: 13).

PEDRO SIMÕES

análise de ambos os casos, os dados oriundos das entrevistas (ver Introdução) com assistentes sociais serão complementados por dados oriundos de levantamentos quantitativos nacionais sobre o tema[3]. Dados percentuais, então, devem todos ser atribuídos às pesquisas quantitativas realizadas.

Profissionais de Serviço Social brasileiros e ingleses possuem perfis bem distintos, conforme se pode perceber na tabela a seguir:

Tabela 1
Dados demográficos — Assistentes Sociais — Brasil/Inglaterra

Dados demográficos		Brasil	Inglaterra
Gênero	% de mulheres	96,7	69.7
	% de homens	3,3	29.8
Idade	Máxima	66	85
	Mínima	22	21
	Média	38	49
Raça/Etnia	Branco	62,2	91,6*
	Negro/Pardo	37,8	0,6**
	Outros	—	7,8***

* Europeu (Grã-Bretanha) e Europeu (outro); ** Africano; *** Chinês, Indiano, Paquistanês, Caribenho, outros (branco e negro)
Fonte: Furman et al. (2002) e Simões (2002)

Também a inserção profissional dos assistentes sociais ocorre segundo uma distinta distribuição entre trabalho em agências públicas e privadas (ver Tabela 2).

Desta forma, os profissionais de Serviço Social no Brasil são predominantemente mulheres,[4] mais jovens que as inglesas e com uma com-

---

3. Os dados de abrangência nacional sobre os assistentes sociais brasileiros são o resultado da pesquisa desenvolvida no XCBAS, em 2001. Embora já tenham sido objeto de divulgação (Simões, 2002), eles não serão formalmente citados, pois a constituição deste banco de dados tinha como objetivo primeiro servir de base de dados para este trabalho.

4. Os percentuais de distribuição entre sexos no Serviço Social brasileiro mostraram-se regulares e consistentes, independente do ano de formação dos assistentes sociais.

Tabela 2
Vínculos institucionais — Assistentes Sociais — Brasil/Inglaterra

	Brasil	Inglaterra
Agência pública	68,9	74,0
Voluntária (ONG)	8,6	13,4
Privada	22,5	6,0
Múltipla	—	2,3
Outros	—	0,4
Total	100	100

Fonte: Furman et al. (2002) e Simões (2002)

posição étnica/racial que polariza entre negros/pardos e brancos enquanto, entre os ingleses, há uma predominância de europeus (brancos) e uma pulverização de outras identidades étnicas. Na questão institucional, o Estado é o grande empregador de assistentes sociais em ambos os países. A principal distinção concentra-se no peso relativo dos trabalhos, em instituições de cunho voluntário e privado.

Importa, então, saber se, em ambos os casos, a religião é um elemento importante, começando por verificar se os assistentes sociais tiveram, em seus familiares, a referência de pessoas religiosas.

3.1.1 Família religiosa

Foi constatado dentre os 17 assistentes sociais brasileiros entrevistados que todos se originam de famílias de tradição religiosa. A tradição católica foi a que se apresentou como a religião mais freqüente, mas casamentos inter-religiosos também se verificaram (ver Tabela 3).

Na identificação da religiosidade dos pais, os assistentes sociais brasileiros não deixaram de ressaltar o quanto eles estavam engajados em suas práticas religiosas. A adesão religiosa varia desde a constatação: *"Meus pais não eram católicos. Eles se dizem católicos, mas são daqueles que*

PEDRO SIMÕES

Tabela 3
Vínculo religioso dos pais dos assistentes sociais brasileiros

		Mãe				
		católico	espírita	evangélico/ protestante	afro- brasileiro	s/id	Total
Pai	católico	10	1	1	—	—	12
	espírita	—	1		—	—	1
	evangélico/ protestante	—	—	1	—	—	1
	afro-brasileiro	1	—	—	—	—	1
	s/id	2	—	—	—	—	2
	Total	13	2	2	0	0	17

não são" (AS, 2000),[5] até *"Meus pais eram muito religiosos, católicos de se referenciarem sempre a Deus, à religião católica"* (AS, 1980).

Embora todos os assistentes sociais entrevistados tenham tido em seus pais referências religiosas, vale ressaltar que, em dois casos, a identificação da religião em casa era exclusivamente da mãe. O fato de os pais receberem uma formação religiosa de seus filhos evidencia que, para estas famílias, a religião era um importante elemento de socialização e um importante código de conduta a ser transmitido aos descendentes.

Os dados extraídos das entrevistas com ingleses mostram uma clara predominância de famílias católicas e protestantes, apesar de apresentarem uma diversidade maior de opções religiosas que entre os pais dos assistentes sociais brasileiros. A base cristã mantém-se, como no caso brasileiro, mas com a presença de três casos em que não existe qualquer referência religiosa na família e de dois casos em que um dos pais foi

---

5. Nas citações de entrevistas com assistentes sociais, o símbolo AS (Assistente Social) indica um profissional brasileiro e SW (*Social Worker*) a origem inglesa. Além desta identificação, há ainda um número que indica o ano de conclusão do curso do profissional. Optou-se por mostrar a indicação de ano de conclusão de curso para evidenciar que esta variável não afeta, de forma significativa, as relações de sentido entre religião e a prática do Serviço Social que se busca evidenciar.

identificado como não-religioso. O fato de existirem diferentes referências religiosas na família também já tinha sido observado no caso brasileiro, mas entre os ingleses há relacionamentos entre cristãos e não-cristãos.

Tabela 4
Vínculo religioso dos pais dos assistentes sociais ingleses*

		Mãe							
		Católico	C of E./S.** Petenc. Metodista	Espirit.	Judeu	Muçulmano	Não Rel.	s./id	Total
Pai	Católico	4	1						5
	C of E./S. Petenc. Metodista	1	3	1			1	1	7
	Espirit.								0
	Judeu				2				2
	Muçulmano					1			1
	N. Relig.	1					3		4
	s./id		1						1
	Total	6	5	1	2	1	4	1	20

* Em cinco casos, os assistentes sociais não mencionaram a filiação religiosa dos pais.
** C of E/S — Igreja da Inglaterra, Igreja da Escócia; Petenc. — Petencostal; Espirit. — espiritualista; N. Relig. — Não religioso.

Assim, em ambos os casos, os assistentes sociais tiveram, majoritariamente, em suas casas, referências de pais religiosos. No caso brasileiro, isto ocorre com uma variação menor do que no caso inglês e com menor variedade de vertentes religiosas entre as crenças do pai e da mãe. É preciso saber, então, se estas famílias forneceram uma formação religiosa para seus filhos.

3.1.2 Formação religiosa

No Brasil, os assistentes sociais receberam de seus pais uma formação religiosa. Entre aqueles formados de 1960 até 2001, em média 92,5%

dos assistentes sociais possuem algum tipo de cultura de ensino religioso. Há, no entanto, uma tendência de queda deste percentual entre os assistentes sociais formados mais recentemente. No período 2000-2001, apenas 82% disseram ter tido este tipo de formação. No geral, entretanto, o número de profissionais com esta formação é bastante significativo.

Entre estes, todos acusaram ter tido mais de uma fonte de ensinamento religioso, envolvendo-se em atividades como catecismo (63%), cultos e missas (59,3%), "grupo jovem" (53,3%), colégio religioso (32,8%) e trabalhos beneficentes (26,4%). Estes percentuais apresentam-se sem muitas variações ao longo dos anos. Em apenas dois casos as variações são significativas: a freqüência a cultos e missas, que variava entre 60% e 70%, cai entre aqueles que se formaram nos anos 1990 para o patamar entre 50% e 60%; tendência contrária é registrada na participação em "grupo jovem", que registra percentuais ascendentes. Nos anos 1970, cerca de 40% dos assistentes sociais que se formaram no período estiveram associados a estes grupos. Este percentual sobe para 50% entre aqueles que se graduaram nos anos 1980, chegando a 60% entre os formados nos anos 1990. Não é possível, no entanto, mensurar a importância dada a estas atividades pelos assistentes sociais.

Com base nos relatos dos profissionais, foi possível perceber que, em relação ao "grupo jovem", ele é uma instância que, além de fornecer uma base teológica para os adolescentes, os introduz nos trabalhos assistenciais.[6] Este primeiro contato com setores mais carentes e necessitados da população pode ter sido um importante estímulo para a escolha da futura carreira.

Desta forma, a participação em instâncias formadoras não significou, apenas, o contato com o conhecimento teológico, mas também com uma cultura religiosa que incluía a prática assistencial. A partir das experiências mencionadas nas entrevistas, é possível classificar os assistentes sociais em:

a) os que participaram de algumas instituições de formação religiosa (como catecismo, missa, grupos jovens, crisma, primeira comunhão, colégios religiosos, entre outros):

---

6. "Quando eu era do 'grupo jovem' eu fazia trabalhos comunitários de distribuição de cestas, fazia trabalho com creches..." (AS, 2000).

"Mas eu tive formação religiosa. Eu fui batizada, fiz primeira comunhão, eu participava nesses momentos. Mas, fora isso, eu nunca fui membro de grupos de Igreja" (AS, 1982).

"No colégio eu fiz catecismo. Eu não me sentia engajada na religião. Eu concordava com aquilo que eu ouvia. Mas eu fui cruzada, com aqueles cordõezinhos com medalhinhas, tudo bonitinho. Era a orientação da escola" (AS, 1980).

b) os que reportam freqüência a várias instituições de formação religiosa e revelam que estas foram vividas de forma intensa;

"Fiz primeira comunhão. Só não cheguei a ser 'Filha de Maria' na ocasião. Mas participava muito da Igreja" (AS, 1982).

"Eu vivi a minha vida inteira, até eu casar, depois que você casa, aí muda um pouco. Para você ter uma idéia, minha mãe foi freira. Então você vê o nível. Lá em casa era missa todo o domingo, de novena, de primeira comunhão, casamento na Igreja..." (AS, 1983).

c) os que, além de terem vivido intensamente a experiência religiosa, tornaram-se militantes.

"[Eu fui militante] desde a juventude. Fui adolescente, participando de grupo de adolescente, depois coordenando grupo de adolescente, depois jovem com encontro de jovens, depois coordenando encontros de jovens..." (AS, 1977).

"Esta vinculação com a Igreja foi desde a infância. Participei de grupo jovem. Eu era coordenadora de grupo jovem, depois fui catequista. Sempre gostei de grupo assim, desde jovem" (AS, 1985).

A importância da formação religiosa para os pais revela-se quando os profissionais relatam que, em alguns casos, não foi poupado o uso do poder coercitivo.

"Eu fui criada na Igreja Católica. A gente até a princípio tinha como obrigação assistir à missa aos domingos, porque se você não assistisse à missa você de tarde não passeava na rua. Era uma troca mesmo" (AS, 1975).

Um dos casos torna-se expressivo, pelo fato de a importância da religião não se referir apenas às agências de formação, mas a experiências familiares marcantes para a vida da assistente social. Veja-se o relato:

"Eu me lembro que quando eu não conseguia dormir, ou quando eu estava muito agitada... a minha mãe ia para a minha cama, sentava do meu lado, colocava a mão na minha cabeça e fazia uma oração. E eu dormia. Eu tinha que acreditar que aquilo funcionava. A minha mãe não ia à Igreja. Mas eu fiz comunhão, eu ia à Igreja aos domingos, não que ela me levasse, eu tinha uma família mineira, vizinha, que eles eram católicos, então a vizinha quando levava a garotada para o catecismo me levava junto e eu gostava. Era uma festa, e eu gostava, lógico. Eu nasci em dia de Santo. Meu nome é... porque eu nasci no dia de Nossa Senhora da... Isso teve uma influência muito grande na minha vida, porque eu me achava uma privilegiada. Eu me achava poderosíssima. Eu tinha uma Santa que era minha" (AS, 1979).

Os dados coletados demonstram que os assistentes sociais brasileiros são um grupo que, em sua quase totalidade, foi introduzido na religião no período da infância e mocidade. Os relatos mostram que as diferentes maneiras como os assistentes sociais foram introduzidos ao ensino e às práticas religiosas durante a infância podem significar diferenças de importância dos valores e conhecimentos religiosos na vivência dos profissionais. Importante notar que se nem todos se tornaram militantes, experiências pessoais como a relatada anteriormente parecem ter sido mais eficientes do que qualquer tipo de ensino religioso formal, tornando a religião relevante na vida do assistente social.

O caso inglês parece ser menos homogêneo que o brasileiro, tendo em vista que três entrevistas (de 25) registraram que os entrevistados não tiveram nenhum tipo de formação religiosa. Mesmo sem ter tido o contato com estes princípios religiosos na infância, dois profissionais disseram possuir valores cristãos:

"Eu penso que nós devemos tratar as pessoas como elas querem ser tratadas. Sem um profundo significado espiritual ou religioso" (SW, 1988);

"Eu não acredito em Deus. Eu acredito em muitos valores que vêm da religião. Elas têm valores básicos, em termos gerais. Valores que alguém pode ter sem ser necessariamente religioso. Eu poderia acreditar nos valores que vêm através das religiões, como um todo. Eu acredito que há muita coisa boa nas diferentes religiões. Religiões diferentes têm os mesmos valores.

[Um ou dois exemplos do que estes valores significam]. O mais fácil para eu descrever é o cristianismo. Tratar pessoas como você quer ser tratado" (SW, 1994).

Em apenas um único caso a assistente social não teve nem formação religiosa, nem afirmou possuir nenhum tipo de valores religiosos. Um dado novo, no entanto, é colocado neste caso, visto que a assistente social afirma ter crenças espiritualistas que ela não soube definir.

"[Eu tenho crenças espirituais] mas não no sentido de pertencer a uma instituição organizada. Eu quero acreditar que existe algo além. Um Deus ou um ser espiritual, mas não no sentido das igrejas organizadas. Eu tenho algumas crenças espirituais, mas não posso defini-las. Eu sou prática. Eu acredito que existe uma energia por dentro do mundo e isto é constante e é espiritual" (SW, 1989).

Fora estes casos, os demais apresentaram-se como no Brasil. A grande maioria acusou a participação nas mesmas instituições formadoras, mas com o detalhe de que, ao término do período da infância ou adolescência, houve um período de interrupção da freqüência a grupos religiosos, prática que é recuperada em um momento posterior:

"Eu fui à Escola Religiosa (*Covent School*). Eu fui a escolas católicas por toda a minha vida e depois para uma religiosa francesa. Provavelmente antes de deixar a escola eu parei de ir à igreja" (SW, 1992);
"Nós somos uma família católica irlandesa. Eu nasci no catolicismo e fui à escola católica até os 18 anos. Quando eu deixei a escola e fui para a universidade eu parei de ir à igreja e não voltei à igreja até que eu tivesse meu filho mais velho. Nós o criamos como católico e eu tenho, desse modo, me tornado mais envolvida" (SW, 1995).

Relatos de militância religiosa foram registrados:

"Eu ensino em uma escola dominical" (*Sunday School*) (SW, 1964).
"Eu vou [à Igreja]. Eu pertenço a um grupo de leitura. Eu sou também envolvido na parte administrativa da Igreja Anglicana" (SW, 1960).

Assim também, acontecimentos marcantes da infância foram relatados:

"Eu vou à Igreja. Eu sou católico. Eu fui batizado e confirmado católico. Eu não ia ao colégio católico por causa da deficiência do meu irmão. Eu precisava estar em casa quando ele voltava da instituição (*Day Centre*). Minha filha vai à St. Joseph. A igreja paroquial é St. Patrick. Na St. Patrick, nós fazemos um 'dia aberto' (Open Day)... Sim, eu sou um católico praticante" (SW, 1979).

Embora com pequenas variações para o caso brasileiro, a importância da família foi também reportada, como dinamizadora de um *ethos* religioso,[7] da participação em instituição como escola dominical e a freqüência a escolas religiosas (*Covent Schools*),[8] ou simplesmente a freqüência à Igreja.[9]

O conjunto das entrevistas dos assistentes sociais mostra que sua formação religiosa faz parte de uma cultura que valoriza a difusão de princípios religiosos entre crianças e adolescentes, cabendo a cada um deles reproduzir de forma mais ou menos intensa (ou romper) com a formação que teve.

Com estes primeiros itens analisados, pode-se perceber que, tanto no Brasil como na Inglaterra, os assistentes sociais foram, em sua grande maioria, socializados em um ambiente religioso, como também tiveram experiências marcantes nestas áreas. A partir do próximo item, tentar-se-á perceber se estas experiências foram importantes como motivação para a escolha da profissão. Para isso, o primeiro ponto a ser investigado é a forma como os assistentes sociais conheceram a profissão.

3.1.3 Conhecimento prévio da profissão

No Brasil, o conhecimento prévio da profissão não foi aprofundado, seja entre os mais antigos, seja entre os que se formaram mais recen-

---

7. "Eu cresci em um lar cristão" (SW, 1975); "Meus pais são judeus" (SW, 1977); "Eu fui iniciado através de meus pais quando eu era criança" (SW, 1984); "[Religião] isto era mais da minha família" (SW, 1994).

8. "Quando criança eu fui para turmas de hebreus, entre os 11 e os 15 anos" (SW, 1977); "Escola católica foi parte da minha vida" (SW, 1984); "Na escola que eu freqüentei, eu aprendi a Bíblia de A a Z" (SW 17, 1991); "Eu fui para Escola Religiosa" (SW, 1992);

9. "Nós íamos à igreja" (SW, 1975); "A Igreja era muito no início da minha vida..." (SW, 1976); "Quando criança eu fui à Igreja" (SW, 1977); "Eu cresci como Batista e ia à igreja..." (SW, 1994).

temente. O que contribuiu decisivamente para a escolha da profissão, em 12 casos, foi o contato com profissionais ou a observação da atuação destes. A escolha da profissão ocorre a partir de relatos ou da observação da ação dos assistentes sociais.

> "Eu conhecia algumas assistentes sociais e eu gostava do perfil do trabalho" (AS, 1975).
>
> "Serviço Social já era um ideal meu. Eu tinha exemplos positivos na área hospitalar" (AS, 1982).
>
> "Eu tenho uma pessoa próxima que é assistente social e o contato que eu tive em unidade de saúde, também. Eu achei legal o trabalho, gostei daquilo, achei que era bonito e achei que eu devia fazer Serviço Social" (AS, 2000).

Esta também foi a forma de conhecimento da profissão mais identificada (32%), na pesquisa nacional realizada com os assistentes sociais. O modo mais recorrente, então, para a escolha da profissão está na auto-identificação entre a atividade desenvolvida pelos profissionais e as tendências vocacionais reconhecidas no momento da escolha do curso.

Outras formas de seleção da carreira aparecem como complementares ou como menos expressivas, para a escolha do curso. Entre as que foram citadas estão a ascendência da opinião de parentes e amigos para a escolha:

> "As pessoas, cada uma dava opinião. Me sugeriram fazer psicologia, mas eu não queria, embora eu tenha um fascínio pela psicanálise. Até que uma amiga falou (ela fazia história) que tinha o Serviço Social, mas eu não queria. Ela dizia que pela minha postura, pela minha forma de pensar, por que eu não fazia Serviço Social? Ela achava que eu trabalharia bem no Serviço Social, que eu me realizaria no Serviço Social, que iria me satisfazer" (AS, 1977).
>
> "O meu marido, então, na ocasião me disse assim: por que você vai fazer Direito se você já está no serviço público? Por que você não faz uma transferência de curso, em vez de Direito, você já está com assistentes sociais, depois para ter uma transposição é até mais fácil, por que você não faz Serviço Social?" (AS, 1982).

Esta segunda opção foi também a segunda mais indicada na pesquisa nacional (22,2%). Percebe-se, no primeiro caso, uma auto-identificação para as atividades assistenciais, no segundo, há um processo de identificação vocacional externo, ou uma imputação. Outra forma externa registrada se dá por meio dos testes vocacionais (11,4%, em termos nacionais).

> "Quando eu estava terminando o segundo grau, que eu fiz o curso na época do último ano em extinção do curso clássico, que era das áreas Humanas (sempre foi uma tendência minha as áreas Humanas), eu fiz pelo colégio o teste vocacional. E este pontuou para Direito e Serviço Social, que veio quase corroborar com o desejo" (AS, 1979).
>
> "Eu conhecia através de teste vocacional. [...] O que me disseram do Serviço Social era que ele se engajava muito com as minhas idéias, com a minha vontade de trabalhar, com os meus desejos e aptidão profissional, lidar com o público..." (AS, 1980).

Por último, duas outras indicações citadas foram a exclusão de outras carreiras profissionais — professora, advogada, psicóloga[10] — e a alternativa de ascensão social. Outros fatores foram apontados na pesquisa nacional, embora com menor relevância, como a importância dos meios de comunicação (16%), ou a participação em movimentos religiosos ou sociais (14,6%).

Os caminhos que levaram os assistentes sociais ingleses para o Serviço Social são bem distintos e afinados com a tradição cultural associativa. Há sinais claros de que a escolha profissional se dá de forma tardia, ou seja, algum tempo depois do término do equivalente ao ensino médio brasileiro. Em geral, um período prévio de trabalho assistencial voluntário é realizado de forma remunerada para, em seguida, se recorrer à qualificação acadêmica como forma de ascensão dentro da carreira.

---

10. "Eu queria fazer Sociologia. Ninguém tirou da minha cabeça que eu ia fazer Sociologia até que eu conheci um sociólogo. Esse sociólogo colocou todas as dificuldades para trabalhar, a não ser que eu fosse professora, e isso eu não queria não. Eu fiquei sem chão... Me sugeriram fazer Psicologia, mas eu não queria, embora eu tenha um fascínio pela psicanálise" (AS, 1975); "Eu ia fazer o vestibular e eu queria fazer um curso superior. Direito já está saturado, Psicologia também, Serviço Social eu não sei muito bem o que é, 'eu acho que vou fazer isso'. E fiz" (AS, 1987); "Eu escolhi o curso por eliminação. Eu fui eliminando as áreas, não queria nada com biomédica, não queria área de Ciências Exatas, não queria ser professora, então, eu fui eliminando. Fiquei com a área Humana e na área Humana eu fui eliminando. Não queria ser psicóloga, não queria ser antropóloga, não queria ser socióloga, não queria ser advogada, não queria... e achei Serviço Social interessante. [...] Para falar a verdade, eu não conhecia quase nada" (AS, 1995).

Em 16 casos, os assistentes sociais ingleses participaram de trabalho voluntário, durante o período da adolescência, promovido pelo Estado ou pela Igreja, entre grupos de pessoas com alguma dificuldade (de locomoção ou aprendizado, por exemplo).

> "Meu primeiro contato foi quando eu estava ainda na escola e participei de trabalhos voluntários. Eu ajudei a estruturar um grupo voluntário e nós disponibilizamos serviços sociais para fundar um grupo jovem" (SW, 1976).
>
> "A partir dos 16 anos eu sempre quis fazer algum tipo de trabalho com pessoas. Uma coisa que me fez mais interessada foi quando eu fiz trabalhos voluntários, trabalhando com jovens que eram desfavorecidos, que eram envolvidos com serviços sociais... E esta foi a forma como eu comecei a desenvolver minha carreira. Eu costumo trabalhar em um lugar chamado St. Clement [...]" (SW, 1983).
>
> "Eu tinha 14 quando eu fiz trabalhos voluntários com pessoas que tinham dificuldade de aprendizado. Este trabalho era realizado em uma Escola Religiosa" (SW, 1995).

A experiência anterior pressupõe que a escolha profissional tenha sido feita, não apenas por uma auto-identificação vocacional, mas também por meio de uma opção amadurecida, a partir desta experiência prévia. É certo, no entanto, que a experiência só pode ser realizada se houver uma estrutura para tal. O Brasil não dispõe de uma cultura associativa disseminada, tal como a encontrada em países como Inglaterra e EUA. Aliado a isso, aqueles que escolhem o Serviço Social como curso não dispõem, em geral, de um suporte financeiro familiar, para realizar um "período de experiência", anterior ao ingresso na universidade.

Em outros sete casos, a escolha do Serviço Social se deu por meio de contato com o trabalho profissional ou com os profissionais.

> "Minha irmã foi assistida por um assistente social" (SW, 1989).

A partir da experiência com os profissionais da assistência, também foi possível perceber algumas mudanças de carreira, seja entre profissões idealmente próximas ao Serviço Social, como Enfermagem e Pedagogia, seja por outros profissionais que, em contato com assistentes sociais, migram para a área.

"Eu comecei fazendo treinamento em Enfermagem e não quis trabalhar na linha médica. Então eu decidi que eu queria me tornar assistente social" (SW, 1988).

"Eu ensinava em uma escola comum. Depois eu fui para 'Educação Especial' e, então, eu fui ser instrutor em um *Day Centre* para pessoas com deficiências" (SW, 1992).

De todo modo, a identificação com a profissão se dá mediante alguma experiência pessoal que os assistentes sociais tiveram com a prática profissional, seja por informação direta dada por um outro assistente social, seja pela observação da prática profissional, seja mediante o exercício de uma atividade assistencial, promovido por instituições religiosas ou voluntárias. Em todos estes casos, ocorre uma auto-atribuição vocacional. Para além destas motivações, a identificação vocacional[11] e a opinião de terceiros atuaram de forma complementar e muito menos relevante que as primeiras.

O que se evidencia, como relevante, na escolha da profissão é que são as formas de identificação vocacional que atuam de maneira determinante para tal. O que, exatamente, é tido como um critério de identificação vocacional? Esta pergunta pode ser respondida a partir das motivações e expectativas apontadas para a profissão.

3.1.4 Motivações e Expectativas

> "Deve haver caminhos de se trabalhar dentro da Igreja, no aspecto social dos problemas da igreja. E eles, então, me sugeriram que eu fosse me qualificar na universidade e que voltasse." SW (1964)

> "Mas eu não vejo como misturar as coisas [religião e profissão] e não vejo como separar isso. Não dá para dizer que determinou [a escolha profissional], mas não dá para dizer também que não foi importante." AS (1995)

Ingleses e brasileiros perceberam, na hora da escolha da profissão, que valores religiosos eram importantes para tal (AS, 1979; AS, 1995;

---

11. "Eu tinha uma vocação para Serviço Social desde quando eu era criança" (SW, 1979).

SW, 1964; SW, 1976). De alguma forma, aquilo que foi observado por eles e identificado como um dado vocacional tinha relação com o que foi aprendido durante a infância e a juventude.

A influência da religião, na motivação da escolha profissional, aparece na literatura desde os anos 1970. Nem sempre esta observação aparece como o resultado de uma pesquisa, mas como fruto de uma observação mais ou menos sistemática. Mais do que poder indicar a permanência da mediação religiosa na prática profissional, tais indicações permitem a percepção de que, ao longo da história profissional, e mesmo nos períodos em que o ensino e a prática já estavam secularizados, a identidade e os valores religiosos permanecem relevantes como indicadores do que é a profissão e, portanto, como a referência para a escolha profissional.

Se o catolicismo e o protestantismo, pela sua origem cristã, detinham um elo de sentido com as práticas assistenciais e por isso serviam como motivadores para o ingresso na prática assistencial (Gatza, 1979), tradições como o hinduísmo e o budismo também colaboraram para a escolha do Serviço Social como profissão. Segundo Liyanage (1974), na Índia, no Japão e nas Filipinas, "a motivação religiosa era responsável pela organização das agências de bem-estar naqueles países onde hinduísmo, budismo e cristianismo eram as religiões dominantes" (1974: 8). Os autores chamam atenção para a similaridade de propósitos e valores existentes entre as tradições religiosas e os atributos que são identificados como próprios da profissão. Estes dois temas — valores e qualificativos profissionais — serão tratados mais adiante.

Durante os anos 80 do século XX, esta identificação permaneceu forte, como mostra o texto de Marty (1980), estendendo-se durante os anos 1990, quando Cree (1996) afirma que "a perspectiva cristã não estava completamente perdida. Ela continuava a existir nas crenças e motivações individuais dos assistentes sociais, mas desapareceu das organizações formais e das atividades profissionais" (1996: 21). Se a religião, de fato, desapareceu das atividades profissionais, isto será visto também mais à frente. No entanto, o autor ratifica que, como crenças individuais e motivações para a prática, a religião continua sendo uma importante referência.

No final dos anos 1990, Canda e Furman (1999) retornam a este tema, afirmando existirem três principais motivadores para o ingresso nos cursos e nas práticas assistenciais: "um senso de mandato para o serviço, um desejo pessoal de promover justiça social e uma busca por auto-realização" (1999: 9). A idéia da prática assistencial, como um "serviço ao próximo", atribuída à herança cristã, foi também percebida, pelos autores, no comprometimento zen-budista para ajudar todas as pessoas a atingirem esclarecimento, nos valores comunitários judeus para suporte mútuo e justiça social e nos valores tradicionais das Primeiras Nações Indígenas (*First Nations Indigenous*) de cooperação, compartilhamento e ajuda mútua.

Assim, como a idéia do "serviço" tem uma conotação religiosa, a busca da "realização pessoal" (*personal fulfilment*) igualmente detém esta conotação, pois, para Canda e Furman, ela é "derivada do encontro das expectativas religiosas e culturais para o serviço", em que a atividade profissional é, ao mesmo tempo, uma possibilidade de ser útil aos outros. Assim, segundo os autores, na experiência destes estudantes de Serviço Social, "serviços compassivos criam uma situação de benefícios mútuos para eles mesmos, seus clientes e para a sociedade como um todo" (idem: 10).

Os autores justificam a preservação desta inter-relação, concordando em que há, de fato, uma identidade entre as motivações e valores religiosos e os valores expressos pelo Serviço Social, quando recorrem a um ícone da religião: "Madre Theresa colocou isto direta e simplesmente: 'o fruto do amor é o serviço. O fruto do serviço é a paz'" (Canda e Furman, 1999: 9-10).

Se a escolha da profissão ocorreu, no Brasil, por meio de alguma forma de contato entre o assistente social e a prática profissional, então, importanta considerar o que foi observado e o que despertou o interesse pela profissão. Na avaliação daqueles que ingressaram na profissão, a quem os assistentes sociais dirigiam sua ação?

Nesta resposta, duas categorias se destacam como as mais recorrentes: o *ser humano* e as *pessoas*.

"O que mais me motivou no Serviço Social foi esta ligação com o ser humano, na sua essência, no seu todo" (AS, 1983).

"Eu acho que era uma maneira de ajudar as pessoas que estavam meio sem destino. Não ajudar por ajudar, como na questão do assistencialismo. Mas você fazer com que as pessoas consigam refletir e tomar seu rumo, encontrar o seu caminho e dar encaminhamento às suas questões" (AS, 1985).

Duas outras foram também citadas, apenas uma ou duas vezes: o *próximo* e o *povo*.

"Eu acho que o que passava na cabeça de uma adolescente é que eu queria servir ao próximo. Eu acho que seria o básico. A mola mestra seria servir ao próximo e eu acho que o curso de Serviço Social me daria isso" (AS, 1985).

"O que me chamou mais atenção mesmo foi o lado do povo, mesmo. É o lado de ajuda, é o lado de tentar abrir alternativas e abrir caminhos para que este povo necessitado pudesse ter um atendimento digno" (AS, 1982).

Não houve nenhuma menção a categorias como o proletariado ou qualquer noção de classe social, seja ela "popular", "trabalhadora" ou "dominada". Estes conceitos permearam a literatura profissional nos últimos vinte ou trinta anos e parecem não ter sido incorporados como elementos de análise da clientela dos serviços sociais.

O ponto seguinte foi identificar como os assistentes sociais definiam sua ação entre os usuários. Uma lista enorme de verbos foi utilizada, como: a) tratar, cuidar, ajudar (a desenvolver, a crescer), servir, acompanhar, ouvir, perceber, ser importante, ser útil, auxiliar, lidar (com), ser solidário; b) abrir a cabeça, mostrar direitos e deveres, fazer refletir; c) promover, capacitar, educar.

A divisão, acima referida, em três grupos obedece a diferentes conotações: de *ajuda*, no primeiro caso, de *reflexão* e *conscientização*, no segundo, e de *qualificação*, no terceiro. Estas foram as três possibilidades de trabalho identificadas nas formulações dos assistentes sociais. Dentre estas, a primeira, além de ser a mencionada com mais freqüência, mescla-se com as duas outras.

Assim, o mesmo assistente social que disse ter buscado a profissão com o propósito de fazer as pessoas refletirem, de "abrir a cabeça das pessoas", ou "mostrar direitos e deveres", também mencionou que "era mais a coisa de *ajudar*, de querer mostrar às pessoas os seus direitos..." (AS, 1984; grifo meu).

De forma análoga, outro assistente social que falou em "fazer com que as pessoas consigam refletir" afirmou:

"Eu acho que era uma maneira de *ajudar* as pessoas que estavam meio sem destino" (AS, 1985; grifo meu).

Também aqueles que afirmaram ter buscado a profissão para promover algum tipo de qualificação disseram que

"era essa coisa meio na linha de educação, que eu achava que ia ser melhor do que ser professora, mas ainda estaria com pessoas, *ajudando*, ensinando e tal" (AS, 1977; grifo meu),

ou então,

"o Serviço Social é uma coisa fantástica em termos de capacitação humana. Então isso me atraía muito: o fato de eu poder contribuir para esse crescimento das pessoas, esse crescimento humano" (AS, 1982).

O que as assistentes sociais entrevistadas deixam transparecer é que "contribuir para o crescimento das pessoas" tem o mesmo sentido de ajudá-las, tal como foi visto no primeiro caso.

Desta forma, o que se esperava da profissão de Serviço Social, quando ela foi escolhida, é que ela fosse *uma profissão de ajuda às pessoas e aos seres humanos*. Neste sentido, o trato e a ação pessoalizados, no caso-a-caso, para poder "ver que eu estava fazendo o mínimo que fosse" (AS, 1982) são primordiais para os que buscaram a profissão. O requisito motivador para a escolha do curso de Serviço Social, que unificava a maioria dos alunos do primeiro período, era a identificação vocacional expressa no *desejo de ajudar*. Dentre as experiências vivenciadas e as "habilidades" desenvolvidas profissionalmente, aquelas relativas à *ação de ajudar* ganharam relevância, como critério definidor do curso escolhido.

Além disso, buscava-se uma ação que atendesse ao ser humano, enquanto uma forma de atendimento que não discriminava ou tinha, como referência, nenhum grupo social em particular. A identidade daqueles com que se buscava "trabalhar" não se definia por categorias sociológicas como "raça/etnia", gênero, classe ou origem social, mas por serem *aqueles que precisavam de algum tipo de ajuda*.

Ao que parece, o sentido de "profissão" para estes profissionais é a especialização do trabalho e o desenvolvimento de um *expertise* que viabiliza, de maneira otimizada, a ajuda social. É a busca de adequação de uma atividade remunerada com uma postura de vida[12] e, neste sentido, a prática da assistência, por centrar-se no valor da ajuda, "antes de ser uma profissão é [e passa a ser] mais uma filosofia de vida" (AS, 1987).

Quanto aos ingleses, se o caminho para o Serviço Social se deu, principalmente, por meio do trabalho voluntário, então, a escolha profissional também terá ocorrido tendo como parâmetro a ajuda social? As respostas encontradas nas entrevistas não parecem deixar dúvidas quanto a este ponto. Novamente, a idéia de ajudar "os outros" e as pessoas (*"help people"* e *"... to others"*) aparece com muita freqüência e força.

No entanto, no caso inglês, associada à idéia da ajuda (expressa por signos como *"to help"*, *"take care"*, *"to support"* e *"give advice"*) está a intenção de fazer a diferença na vida das pessoas: "Eu sabia que eu podia fazer a diferença" (SW, 1995). De um certo modo, isto já está implícito na idéia da ajuda, mas não tinha aparecido de forma explícita no caso brasileiro.

Também difere do caso brasileiro a possibilidade registrada de ajudar as pessoas, para que elas possam tomar as suas próprias decisões. Neste caso, são empregados termos como *"empower"* (empoderar), *"to be able"* (tornar capaz) e *"support people to reach their full potential"* (apoiar as pessoas para que atinjam todo o seu potencial). E por último aparece a idéia de continuar a fazer uma atividade que já se vinha realizando ("Eu decidi que eu me tornaria assistente social [...] porque esta era a área em que eu já vinha atuando desde 1989" [SW, 1994]).

Incorpora-se, então, no caso inglês, um princípio liberal de autodeterminação que, em absoluto, se expressa entre os profissionais brasileiros. Esta incorporação muda completamente o sentido da ajuda: no caso brasileiro, ela parece estar afinada com uma dicotomia entre "pro-

---

12. "Foi o que eu descobri no Serviço Social e que veio ao encontro da minha postura de vida" (AS, 1987).

vedores da ajuda", de um lado, e "ajudados", de outro, em que a centralidade e o sentido da ação são exclusivos do "doador" da ajuda. O assistido é valorizado na medida em que ele possibilita a ação da ajuda. No caso inglês, a ajuda visa garantir a autonomia do beneficiado. Desta forma, o sentido da ação é compartilhado entre um e outro, estando a ação baseada em um princípio de igualdade social.

Embora não tenha aparecido de maneira explícita, o que está subjacente na forma diferenciada de encaminhamento da concepção de "ajuda" entre ingleses e brasileiros é a incorporação do princípio do mérito, na proposta realizada pelos ingleses. A meritocracia significa "um conjunto de valores que postula que as posições dos indivíduos na sociedade devem ser conseqüência do mérito de cada um" (Barbosa, 1999: 22). Se, de um lado, esta é uma concepção democrática, pois se baseia na eliminação das distinções de origem, há, por outro lado, um componente afirmativo que, em geral, é o ponto de discórdia sobre o tema: o critério de organização social que "deve ser o desempenho das pessoas, ou seja, o conjunto de talentos, habilidades e esforços de cada um" (idem).

Desta forma, o que os assistentes sociais ingleses incorporam na concepção de ajuda é o princípio meritocrático de que cada indivíduo deve tornar-se capaz de resolver seus próprios problemas. Supostamente existe uma igualdade que irá garantir as mesmas oportunidades a todos, dependendo apenas do talento de cada um. Assim, a condição de "assistido" é, necessariamente, passageira e transitória. O serviço prestado visa garantir a autonomia individual baseando-se, assim, no individualismo moral.

O Brasil não é, nem do ponto de vista institucional, nem do ideológico, uma sociedade meritocrática. Foi no século XIX e através do Estado[13] que este princípio se delineou. No entanto, as relações pessoais e a senioridade foram outros valores igualmente presentes, na vida social brasileira, influenciando negativamente o estabelecimento do mérito, como princípio organizativo da sociedade. Como não foi possível se estabelecer, no Brasil, uma igualdade social, ou seja, como existe uma desigualdade originária entre os indivíduos, busca-se resolver esta questão por meio da igualdade de resultados (e não de oportunidades), para

---

13. A partir da Constituição de 1824, que já tinha princípios liberais.

aqueles que já estão em uma clara situação de desfavorecimento, derivada da sua origem social (Barbosa, 1999).

A igualdade de condições apareceu, entre os assistentes sociais brasileiros, como um princípio básico para o estabelecimento de uma sociedade justa, enquanto entre os ingleses, a igualdade de oportunidades foi identificada como princípio de justiça. Desta forma, os assistentes sociais brasileiros entendem a ajuda social como forma verticalizada de utilização do poder profissional, para a correção das injustiças sociais, não na sua fonte (o que seria o ideal, no entendimento dos próprios), mas nos seus resultados. Já os ingleses, agindo em uma sociedade em que a igualdade social é um dado, têm no trabalho profissional nada mais do que uma ratificação do princípio individualista da sociedade.

3.2 Profissão da Ajuda?

Até agora, foram tratadas as "motivações e expectativas" dos assistentes sociais. Isso não se confunde com o que é realizado pelos assistentes sociais, de fato. Para saber, então, se o processo da formação profissional, associado ao próprio desempenho assistencial, tinha, de algum modo, alterado a concepção de que a profissão era uma atividade de ajuda social, foi perguntado aos profissionais quais os pontos positivos de sua atividade e o que podia ser melhorado. Desse modo pretendeu-se verificar se as respostas confirmam o tema da ajuda ou não.

Em relação a "quem" o Serviço Social atende, a situação não muda. São incorporadas apenas as categorias de "usuários" e "pacientes", para denominar as "pessoas", o "outro", a "população" e o "cidadão".

> "O paciente é um ser humano que tem outras coisas que o envolvem. E o direito dele como pessoa, seja qualquer situação em que ele estiver na sociedade" (AS, 1982).

Estes dados reforçam os números coletados nacionalmente (Brasil), apontando que 28% dos profissionais estavam comprometidos com os "seres humanos", e igual porcentagem, com "todos aqueles que tivessem necessidades bio-psicossociais". Outros 12% entendiam que sua atuação visava, principalmente, à "pessoa humana", somando, os três

PEDRO SIMÕES

casos, praticamente 70%. Somente 11% atribuíram vínculos de sua prática com a "classe trabalhadora".[14]

Os assistentes sociais afirmaram que o que os gratifica profissionalmente é poder ser beneficiado, mediante um crescimento existencial:

"Eu acho que eu cresci como gente, como pessoa..." (AS, 1987).

Em um caso, apontou-se a possibilidade de atender a população e articular os serviços nas demais esferas de decisão da instituição:

"... é poder estar lá na ponta atendendo usuários e numa mesa de direção, discutindo estratégias e [a] articulação desses serviços" (AS, 1979).

Para a maioria dos entrevistados, a proposta inicial, relacionada à ajuda, desdobrou-se em: ser um facilitador, ter esclarecimento para brigar por (contra o sistema), encaminhar, orientar, desenvolver estratégias de vida, participar da vida; além de poder estar perto (com), ouvir, entender, dar carinho, dedicação, afeto, ter o contato pessoa-pessoa, colocar-se no lugar do outro, enfim, "o positivo é ser o que eu sou para os meus pacientes" (AS, 1980).

Para os assistentes sociais é positivo ter o poder de ocupar algum cargo que os possibilite influir e modificar a vida de quem é atendido. Desta forma, é possível, e positivo, "unir tanto o retorno financeiro com uma intervenção no social, que não precisa ser depois do trabalho" (AS, 1980).

Os assistentes sociais ingleses ressaltaram, como pontos positivos para formarem seu trabalho distante de práticas rotineiras e monótonas, a flexibilidade e autonomia para fazerem as suas próprias agendas; o fato de não ficarem restritos a trabalhos realizados em escritórios; e a forma desafiadora do cotidiano profissional, em que os casos são sempre diferentes e demandam alternativas inovadoras.

No entanto, a questão central enfocada foi a possibilidade de fazer a diferença na vida das pessoas ("melhorar a vida de alguém" [SW, 1975], ou "ter um impacto direto na vida de alguém" [SW, 1989]) e poder ser parte do processo de mudança ("sendo parte desta mudança" [SW, 1979]).

---

14. Outros 15% responderam "excluídos" e 5% "outros".

Esta mudança, ou diferença, se concretiza em: a) tornar as pessoas mais fortes (SW, 1975); b) ajudá-las a dar o passo que elas desejam (SW, 1984); c) torná-las independentes do sistema de assistência social (SW, 1993); d) fazê-las crescer e tornarem-se independentes (SW, 1994); e) escutar as pessoas, ouvir o que elas desejam e ter a certeza de que, com esperança, elas vão ter as oportunidades que elas ainda não têm tido; ser capaz de identificar projetos, experiências de trabalho ou emprego ou atividades sociais ou educação que elas não tenham vivenciado (SW, 1994); f) permitir que as pessoas vivam de forma independente e voltem a trabalhar (SW, 1995).

Estas possibilidades dão aos assistentes sociais a certeza de estarem fazendo um trabalho de real valor, sem importar a intensidade e o tamanho da mudança ("não importa quão pequena seja, apenas que você os modificou, ainda que um pouco" [SW, 2002]), "pois tem um valor imensurável" (SW, 1995).

Estas concepções de ajuda social, que fazem parte das motivações e expectativas dos profissionais, não existem, contudo, de forma independente dos valores religiosos incorporados pelos profissionais da assistência. Esta relação, que já havia sido identificada no item anterior, é aqui ratificada. As entrevistas com os profissionais esclarecem esta questão. Nelas, os profissionais associaram o ideário da ajuda social com os princípios religiosos. Os depoimentos a seguir explicitam:

> "Os grupos jovens, a Igreja Católica, têm muito disso de você ajudar, de você formar, de você transformar. A Igreja que eu acredito não é aquela Igreja que você vai à missa e reza o 'Pai Nosso', mas aquela Igreja transformadora mesmo. Aquela que faz você ir ali, começar a refletir por que você está ali, qual o seu papel no mundo, qual a sua importância" (AS, 1985).
>
> "[A influência do meu passado religioso para minha atividade profissional é] a ênfase na ajuda às pessoas e fazer alguma coisa para ajudar as pessoas que não estão em tão boa situação como você está" (SW, 1977).

Os entrevistados afirmaram ser este um objetivo comum, tanto das religiões, quanto da profissão, assim como a busca de minimização das desigualdades sociais. Curiosamente, um dos relatos mostra que, mesmo entre aqueles que estavam vinculados a igrejas com ideários mais progressistas (Teologia da Libertação), a proposta da ajuda também estava presente (AS, 1975; AS, 1985; SW, 1977; SW, 1991; SW, 1993 e SW, 1995).

A idéia da ajuda é recorrente na literatura, tanto brasileira, quanto inglesa, sendo identificada como um elemento inerente à própria prática. No Brasil, tenta-se superar este aspecto. É o caso, por exemplo, dos estudos de Mota (1985), Karsh (1987), Gentilli (2001) e Abreu (2002). Para eles, a imagem da assistência como ajuda vincula-se à idéia de benefício; do alento; da ajuda emergencial; do atendimento social como um "espaço afetivo", permitindo que o usuário/cliente passe "do estado de 'coisa' para a condição de pessoa"; tudo isso, *versus* a concepção de assistência social, como um direito de que os usuários/clientes estariam excluídos. Assim também, autores como Vieira (1985) e Carvalho e Iamamoto (1982) vêem, na incorporação da noção de ajuda pela profissão, uma forma de vínculo com o passado religioso da assistência social.

O ideário da ajuda não se restringe ou se associa exclusivamente a uma corrente teórica que influenciou a profissão, como quer o estudo de Abreu (2002). Mesmo porque a prática da assistência não incorpora, de forma exclusiva, nenhuma teoria. Ela é a expressão de um sincretismo (Netto, 1992) de saberes, em que os conhecimentos das Ciências Sociais são relevantes, mas não os únicos a informar a prática. Por isso, o ideário da ajuda é referência, tanto para aqueles que brigam contra o "sistema" e por direitos, quanto para aqueles que associam a prática assistencial a poderem estar perto do outro, ouvi-lo, entendê-lo, além de poderem expressar carinho, dedicação, afeto pelo usuário, através do contato pessoa-pessoa. Isto porque, ao fim e ao cabo, o que se pretende, como foi visto, é "ser o que eu sou para os meus pacientes" (AS, 1980).

Também no caso inglês (e norte-americano), pode-se perceber que, desde os "pais fundadores" do Serviço Social, a profissão está associada à concepção de ajuda. Essa é uma concepção que vem desde Hamilton (1948), em seu artigo na revista *Social Casework*, com o título "Ajudando Pessoas — o crescimento de uma profissão"[15], e Biestek (1957), um padre católico que afirmava que o propósito do "estudo de caso"[16] era "aju-

---

15. O título no original: *Helping People — the growth of a profession* (Ajudando pessoas — o crescimento da profissão).

16. Primeira técnica desenvolvida pelo Serviço Social americano e inglês.

dar os clientes a fazerem um 'melhor ajustamento'; [que o] 'trabalho de caso' ajuda a pessoa a descobrir o problema, sentir a necessidade, receber o serviço" (1957: 3). Tal propósito é exatamente o mesmo expresso pelos profissionais entrevistados.

Quase vinte anos depois da publicação de Biestek, Keith-Lucas (1972) vai discutir, em *Giving and Taking Help* (Dando e recebendo ajuda), todos os problemas próprios das profissões de ajuda social, incluindo: aconselhamento vocacional, psicologia clínica, aconselhamento conjugal e o próprio Serviço Social. Um dos principais problemas postos pelo autor está em favorecer que as "boas intenções" dos profissionais envolvidos nestas atividades não terminem se perdendo. Dando ênfase não ao objeto da ajuda, mas à forma de ajudar, o autor, uma vez mais, ratifica a sentença: "nós necessitamos ajudar as pessoas a se ajudarem" (1972: 5), corroborando o princípio liberal da assistência.

A forma de proceder à ação assistencial, por meio dos serviços pessoais (Lowe, 1999), assim como os dilemas morais derivados da noção de "perfeita amizade" (Jordan, 1984), são elementos que parecem contribuir, de forma mais ou menos direta, para que a concepção de ajuda social permaneça como referência para os profissionais do Serviço Social.

Os trabalhos de Spencer (1957), Keith-Lucas (1960), Liyanage (1974), Linzer (1979), Marty (1980), Constable (1983), Siporin (1986), Canda (1988, 1988a e 1998), Loewenberg (1988), Holland (1989), Carrol (1998), Patel, Naik e Humphries (1998), Hugen (1998), Canda e Furman (1999), Al-Krenawi e Graham (2000) e Hodge (2001) relacionam ainda o sentido de ajuda social da profissão com valores religiosos.

A relação entre a religião e a concepção de ajuda se dá, principalmente, a partir do entendimento de que a profissão possui este sentido e os autores mostram valores nas religiões que estão afinados com esta concepção. Uma outra forma apresentada, embora com menos expressão, é aquela em que o próprio sentido da ajuda, inerente à profissão, é uma derivação dos valores religiosos nela implícitos. De todo modo, em nenhum dos dois casos é questionado se o Serviço Social é, ou não, uma profissão de ajuda. Os termos utilizados, em geral, reportam-se à idéia de socorro (*"to help"*), ou de cuidado (*"to care"*), ambos facilmente identificáveis com valores religiosos.

Como exemplo do primeiro caso, temos o comentário de Spencer (1957), quando a autora afirma que o assistente social, acreditando em um "Poder Superior" que controla e realiza seus propósitos na vida das nações e das pessoas, pode evitar um senso de futilidade e desesperança diante dos eventos do mundo. Pode, ainda, atingir um senso de serenidade e confiança mesmo quando constantemente diante da necessidade de ajudar as pessoas "cujas vidas são repletas de desapontamentos e sofrimentos" (Spencer, 1957: 520).

Ou então com Hugen (1998), quando afirma: "Espero que o leitor, concordando ou discordando, se sinta estimulado a integrar seu ponto de vista cristão com a perspectiva profissional do Serviço Social na ajuda" (1998: ix). Em ambos os casos, a religião dá elementos para otimizar o processo de ajuda, que é próprio da prática assistencial.

No trabalho de Keith-Lucas (1960), o processo de ajuda já é uma expressão dos valores cristãos por ele aceitos: "A 'verdade' neste caso, então, parece ser que o processo de ajuda, como nós conhecemos no Serviço Social, não somente reflete algo que é parte da natureza humana, mas é em si mesmo um reflexo do processo no qual o Evangelho Cristão ao menos afirma ser inerente ao trabalho de redenção de Deus" (Keith-Lucas, 1960: 88).

Importa considerar que, entre brasileiros e ingleses, o entendimento da ação profissional não se alterou profundamente, entre a motivação e a satisfação com esta. O ideário da ajuda social permanece, com suas conotações específicas (verticalizada, no caso brasileiro, e horizontalizada, no caso inglês), assim como não há menção de que outros fatores como, por exemplo, os de ordem política, sejam igualmente relevantes para os profissionais.

3.4 Considerações sobre a Ajuda Social

A ajuda, tal como é expressa, além de estar associada com um compromisso individual dos assistentes sociais diante da prática assistencial, parece ser a expressão de uma consciência ingênua sobre os problemas sociais. O esforço que se operou no Serviço Social não foi outro, senão o de qualificar o proceder da ajuda, tentando torná-lo conseqüente e buscando despi-lo de um caráter assistencialista e paliativo (Sposati et al., 1985). A recorrência a outro conhecimento sobre as relações sociais, que não exclusivamente o religioso, assim como a incorporação de técnicas, visando a tal objetivo, foram apenas meios para que se atingisse a real finalidade da ação: a ajuda social.

Desta forma, este ideário serviu de parâmetro para a identificação vocacional, realizada tanto pelo próprio indivíduo, quanto por seus parentes. Ele também gera a satisfação profissional com a prática da assistência. Independente do fato de poder ou não acabar com a miséria ou com os problemas sociais, e mesmo reconhecendo que os programas e as políticas sociais, tal como vêm sendo encaminhados, não são capazes de permitir que "todos" os usuários sejam igualmente beneficiados com uma condição mínima de vida ou, ainda, reconhecendo que esta não é uma responsabilidade exclusivamente sua (do profissional), o assistente social passa a buscar satisfação naquilo que está dentro do seu âmbito de atuação: ajudar, por meio do esclarecimento, de conselhos, de informações, da reflexão, ou mesmo da luta por condições mínimas de vida, a *todos* que estejam ao seu alcance.

Com isso, como foi dito, a finalidade da ação assistencial não está centrada na racionalização pura e simples da assistência. Esta é apenas um "mal necessário", um meio sem o qual não é possível operar e com o que os assistentes sociais têm inúmeras dificuldades de lidar. Em grande parte, só se percebe nos processos racionalizadores sua face de burocratização. Como se as normas e regras terminassem negando, pelo seu caráter restritivo, as finalidades últimas da ação assistencial, que é "ajudar a todos". Os trabalhos de Karsch (1987) e Weissahaupt (1988) mostraram a dificuldade dos assistentes sociais (ao menos, os brasileiros) em lidar com as restrições e limites institucionais, por um lado, e com os próprios objetivos da instituição, por outro. Diante destas normatizações, os assistentes sociais têm dificuldade de reconhecer como suas as tarefas assistenciais que lhes cabem, como também acabam considerando que, seguindo os procedimentos institucionais, nada mais se faz do que um trabalho conservador de adequação dos usuários a uma "lógica dominante".

Desta forma, os profissionais da assistência utilizam-se dos valores e concepções religiosos, dos quais eles são portadores, para justificar tanto a forma como chegaram à profissão, suas expectativas quanto sua recompensa de trabalho, vinculando-os à idéia da ajuda social. Busca-se na justificativa moral uma forma de autovalorização da atividade desenvolvida.

Novamente, afirma-se aqui que outros motivos e expectativas também se fizeram presentes, embora de forma minoritária. Estas são, então, as duas primeiras formas de atribuição de sentido religioso das assistentes sociais à prática profissional por eles desenvolvida: as motivações e expectativas, centradas na concepção de ajuda social.

Capítulo 4

Professor, eu sou cristão!

O estudo realizado no capítulo precedente teve por foco profissionais da assistência, ou seja, assistentes sociais formados. O material analisado, no entanto, não necessariamente responde à seguinte questão: nas próximas gerações de formandos, as vinculações assinaladas serão reproduzidas?[1]

Para responder a tal questão foram realizadas pesquisas com discentes que indicam haver uma enorme chance de que as características assinaladas entre os profissionais sejam reproduzidas. Esta conclusão se baseia em um *survey*, realizado no Brasil e na Inglaterra, contando com alunos de primeiro período dos cursos de Serviço Social, Pedagogia, Comunicação (*Media*), Administração e Ciências Contábeis (*business*[2]) e Ciências Sociais.

---

1. Como foi visto nos primeiros capítulos deste trabalho, as possibilidades desta reprodução não dependem unicamente das vinculações de sentido, por eles atribuídas, entre o Serviço Social e a religião. Colocadas como centro da discussão, estas vinculações só serão possíveis se os profissionais forem religiosos e se existirem outros elementos que favoreçam estas conexões. Viu-se também que a inter-relação assistência x voluntariado e a dificuldade de se estabelecer um *expertise* profissional são pontos importantes que não poderão ser aqui analisados. O ponto em estudo se centrará, unicamente, na adesão religiosa dos alunos de Serviço Social.

2. Na Inglaterra, o primeiro período de Ciências Contábeis e Administração era realizado em turmas conjuntas, por isso, não foi possível desvinculá-los.

No Brasil, a pesquisa foi realizada em 2001, com alunos da Universidade Federal do Rio de Janeiro,[3] e contou com uma amostra de 178[4] estudantes; na Inglaterra, a pesquisa foi realizada em 2002, na *Middlesex University*, com 220 alunos. Desta forma, foi possível criar um banco único de dados, em que os dados coletados no Brasil e na Inglaterra fossem conjuntamente analisados. As amostras foram realizadas apenas com alunos de primeiro período, para evitar que houvesse qualquer tipo de contaminação das respostas, a partir dos conteúdos e das idéias apreendidas na vida acadêmica.

O propósito da pesquisa foi verificar se havia diferenças significativas acerca da adesão religiosa dos alunos, a partir de cursos com *status*[5] claramente distintos. Este estudo partiu da hipótese de que esta distinção era positiva e de que, conseqüentemente, existiria relação entre a distribuição dos alunos nos cursos e uma maior ou menor adesão religiosa destes, independente da maior ou menor religiosidade da população local. Aqueles com maior adesão religiosa estariam mais afinados com cursos voltados para propósitos assistenciais.

A importância da análise dos dados dos alunos, para além do que já foi identificado, permitiu ainda a percepção da imagem social da profissão, no final dos anos 1990. Após vinte ou trinta anos, em que os profissionais da assistência buscaram a desvinculação do *ethos* da ajuda e da marca religiosa, estabelecendo um cunho mais profissional (Inglaterra) e político (Brasil) para a profissão, ela permanece expressando estes signos? Os dados coletados podem, então, ser também lidos como um contraste entre o que se pretendeu instituir como sendo a profissão

---

3. Como já foi mostrado por Simões (2000a), o perfil dos alunos dos cursos universitários de Serviço Social varia conforme este seja público ou privado, diurno ou noturno. O curso diurno da UFRJ tem uma peculiaridade em relação aos demais localizados na cidade do Rio de Janeiro, por ser o único curso diurno dessa localidade. Deve-se, então, ficar aqui registrada a ressalva de que as distinções apresentadas a seguir são válidas, segundo as características do curso em estudo.

4. O detalhamento destes dados encontra-se na "Introdução".

5. Silva e Kohi (1995), ao analisarem dados sobre a hierarquia das carreiras, baseados na relação candidato/vaga dos vestibulares da UFRJ de 1979 e 1993, verificaram que, dos 32 cursos por eles estudados, Comunicação estava em 9º lugar em 1979 e passou para 8º em 1993; Administração saiu de 13º para 7º; Ciências Contábeis, de 18º para 12º, Ciências Sociais, de 19º para 24º; Serviço Social de 25º para 32º; e Educação (Pedagogia) de 27º para 30º.

e como ela é interpretada, por aqueles que se situam fora dos quadros acadêmicos e seus aspirantes.

A seguir será mostrado que, ao comparar as características pessoais, as motivações e valores para ingresso na profissão, a participação cívica dos alunos e a participação religiosa de alunos de primeiro período dos cursos de Serviço Social no Brasil e na Inglaterra, é na participação religiosa que se apresentam as distinções mais claras. Registra-se ainda que os alunos dos cursos de Serviço Social e Pedagogia se distinguem dos demais por suas características de participação e auto-identificação religiosa.

4.1 Características de distinção do Serviço Social

As questões que orientaram a pesquisa entre os alunos foram: Os alunos universitários, os atuais jovens-adultos, são pessoas religiosas? Há uma distinção entre a escolha dos cursos universitários, ou seja, os mais religiosos optam por cursos específicos? Há relação entre o perfil socioeconômico dos alunos, a adesão religiosa e a escolha dos cursos? Tenta-se responder a estas perguntas a seguir.

Antes da análise das questões sobre religião, será traçado o perfil dos grupos, a partir da observação de suas características pessoais, como idade, raça/cor, estado civil etc.

4.1.1 Características pessoais

Os alunos ingleses de Serviço Social são bem mais velhos (33 anos em média) que os brasileiros (20 anos em média). Esta média etária alta os distingue também em relação aos demais cursos na Inglaterra, que apresentam uma média de 24 anos, para alunos de primeiro período.

O curso de Serviço Social na Inglaterra é tão predominantemente feminino quanto o brasileiro (83,3% de mulheres na Inglaterra e 94,6% no Brasil[6]). No entanto, ao lado da Pedagogia, o curso brasileiro se dis-

---

6. Os dados não apresentaram diferenças estatísticas relevantes entre si.

tingue dos demais pelo alto percentual de mulheres, enquanto na Inglaterra isso não ocorre. Isto significa que há uma marca de gênero na comparação do curso de Serviço Social com os demais estudados no Brasil, enquanto o alto percentual de mulheres nos cursos ingleses estudados não revela tal marca.

Apenas 63% dos alunos ingleses de Serviço Social tinham nascido na Inglaterra, enquanto em cursos como Pedagogia e Comunicação o percentual foi de 85% e 74% de nativos, respectivamente. Estas diferenças afetam a composição étnica dos cursos. Serviço Social, Comunicação e Ciências Sociais somam cerca de 70% de brancos e afro-descendentes, sendo metade de cada etnia. Nos 30% restantes, metade são asiáticos nos cursos de Comunicação e Ciências Sociais, ficando a outra metade dispersa entre judeus, caribenhos, negros britânicos e outros. Já no curso de Serviço Social, a metade dos 30% restantes são caribenhos.

Diferente destes três cursos, Pedagogia é o curso que detém o maior percentual de alunos que se autoclassificam como "brancos" (44%) e o curso de *Business* é o que concentra o maior percentual de asiáticos (48,3%). Estes dados mostram a diversidade étnica presente nos cursos ingleses, que é inexistente nos cursos brasileiros.

No caso brasileiro, em que a variável "etnia/raça" ainda é oficialmente tratada como "cor" (branco, negro, amarelo, pardo...), os cursos de Serviço Social, Pedagogia e Ciências Contábeis foram os que registraram os menores percentuais de "brancos" (cerca de 60%, contra 90% de Administração, Ciências Sociais e Comunicação). Contrariamente à Inglaterra, a diferença étnica no Brasil está vinculada à desigualdade de renda das famílias.

Quanto às características "pessoais", parece difícil comparar os alunos brasileiros e ingleses, visto que o que os distingue dos demais cursos em um país não é o mesmo no outro, sendo assim as categorias para análise de um e outro perfis distintas. Enquanto na Inglaterra as turmas se compõem de um percentual de nativos e outro de estrangeiros, no Brasil, os cursos são compostos apenas por nativos. O mesmo ocorre em relação à raça/etnia: os dados oficiais brasileiros (IBGE) mensuram a população por critérios de cor, enquanto os critérios ingleses estão mais próximos à localização geográfica (afro-descendente, asiático descendente, negro inglês, caribenho...). O próximo item analisa se esta dificulda-

114 ASSISTENTES SOCIAIS E RELIGIÃO

de permanece quando comparados os dados de motivações para o ingresso no curso, os valores atribuídos às carreiras pelos alunos e a participação cívica e religiosa destes.

4.1.2 Motivações e valores

Para iniciar o conjunto de distinções percebidas entre o curso de Serviço Social e os demais perguntou-se aos alunos que motivações os levaram à escolha do curso, assim como que valores eles atribuíam ao curso que tinham escolhido. Estes haviam sido dois pontos importantes na relação estabelecida pelos profissionais entre a religião e o Serviço Social, e esperava-se comprovar se este vínculo seria ratificado pelos alunos.[7]

Entre todos os alunos brasileiros, a motivação predominante foi a identificação do curso com uma vocação pessoal (33,5% em média).[8] O curso de Serviço Social foi o que registrou um dos menores percentuais de identificação vocacional (25,6%), ficando apenas à frente de Ciências Contábeis (20,3%), embora esta também tenha sido a opção mais freqüente entre os discentes de Serviço Social.

Para além deste quesito, os cursos se diferenciaram em dois grupos: Administração, Ciências Contábeis e Comunicação, em que os alunos associaram a identificação vocacional com as possibilidades de inserção no mercado de trabalho. Na soma de ambas as opções, chegou-se a percentuais entre 65% e 70%. No outro grupo, reunindo Pedagogia, Serviço Social e Ciências Sociais, os alunos associaram a vocação ao desejo da ajuda, em quase 50% dos casos. A outra metade ficou dispersa entre "participação em movimentos sociais" — principalmente para Serviço Social (17,1%) e Ciências Sociais (13,6%) —, "complementação da

---

7. Esta era uma pergunta fechada que permitia múltiplas respostas. Entre elas estavam: "vocação pessoal", "mercado de trabalho", "desejo de ajudar o próximo", "participação em movimentos sociais", "participação em movimento religioso", "complementação da formação profissional", entre outros.

8. Esses dados contrariam uma linha interpretativa que analisa a escolha por Serviço Social como resultado de uma ação vocacional, em virtude de seu legado religioso (Karsch, 1987).

formação profissional" — Pedagogia (12,5%) e Ciências Sociais (18,2%) —, e "mercado de trabalho" — Serviço Social (11%).

Já no caso inglês, o item que teve maior percentual entre todos os cursos foi "complementação da formação profissional" (21,8%, em média). No entanto, para Serviço Social, Ciências Sociais e Pedagogia a motivação "ajudar os outros" foi superior à primeira (32,8% *versus* 25,4% no Serviço Social; 34,4% *versus* 19,7% nas Ciências Sociais; e 21,1% *versus* 14,5% na Pedagogia), sendo a mais freqüente, nestes três cursos. Além destas duas principais motivações, para o Serviço Social se destacaram: formação para o mercado (13,4%) e a recomendação de um outro profissional (9%). O "prestígio da profissão" não aparece como relevante, entre as possibilidades apontadas pelos alunos de Serviço Social, embora o seja para os de Ciências Sociais (19,7%) e Pedagogia (18,4%).

Nos cursos Comunicação e Administração, as motivações relevantes, para além de complementação da formação profissional, foram o prestígio da profissão (20,9% e 21,2%, respectivamente) e formação para o mercado de trabalho (13,5% e 26,9%). A idéia de vocação só apareceu, como importante para os cursos de Pedagogia e Comunicação (17,1% e 17,6%).

A busca da profissão com o desejo da "ajuda", embora não tenha sido relevante exclusivamente para o Serviço Social (em ambos os países), agregou os mesmos cursos, Pedagogia, Serviço Social e Ciências Sociais, distinguindo-se claramente dos cursos de Administração e Comunicação. No entanto, as formas de "ajuda" possíveis, para aqueles cursos, são bem distintas. Pedagogia e Serviço Social têm a premissa da intervenção social (no sentido da transformação imediata de graves situações sociais) que falta ao curso de Ciências Sociais.

O caráter interventivo das profissões da assistência e da Pedagogia dá a estas um caráter missionário que não é conferido às Ciências Sociais. A incorporação da missão de ajudar para a transformação da realidade parece ser, então, um elemento decisivo ao agregar os alunos nestes cursos. Esta motivação supera o desprestígio que as carreiras possam ter ou mesmo o quanto os cursos efetivamente qualificam seus alunos para o mercado.

Além disso, é possível ratificar que a concepção da prática profissional como "ajuda", para além de haver motivado os assistentes sociais entrevistados a ingressarem na profissão, é também apontada como o que os incentiva a que permaneçam na profissão, sendo a principal motivação dos novos alunos que buscam o curso. Com isso, ratifica-se aqui um ponto importante que foi observado entre os profissionais: a profissão de Serviço Social tem como centro sua afirmação de valores.

Para conferir tal afirmação, perguntou-se aos alunos que valores eles consideravam relacionados com seus cursos. As opções eram: justiça social, solidariedade, fraternidade, caridade, promoção social, comunitarismo, amor ao próximo, individualismo e igualdade social. Veja a tabela a seguir:

Tabela 5

Valores atribuídos ao Serviço Social, segundo alunos brasileiros e ingleses

Valores	Serviço Social	
	Brasil	Inglaterra
Justiça Social	100,0%	93,3%
Igualdade social	97,3%	100,0%
Solidariedade	81,1%	33,3%
Comunitarismo	75,7%	41,1%
Amor ao próximo	70,3%	56,7%
Fraternidade	59,5%	13,3%
Promoção social	40,0%	44,8%
Caridade	29,7%	40,0%
Individualismo	2,8%	50,0%

Justiça social e igualdade são os dois valores centrais para o Serviço Social inglês e brasileiro. Sobre a pertinência deles para a profissão parece haver pouca dúvida. Em ambos os países, no entanto, os cursos de Administração foram os que tiveram menor percentual de adesão a estes valores (50% em média).

No caso brasileiro, há um progressivo decréscimo do percentual de importância atribuída aos valores especificados. Após justiça e igualdade sociais, solidariedade, comunitarismo e amor ao próximo, todos na faixa de 70% a 80% evidenciam uma recusa ao individualismo e uma baixa adesão à idéia de promoção social, assinalada por 81% dos alunos de Administração e 64% dos de Comunicação. Estes dados revelam também uma forte adesão aos valores do grupo sobre o indivíduo, em que a igualdade não se compõe com autonomia e liberdade, mas com a uniformidade comunitarista.

A importância do "amor ao próximo" como um dos principais valores atribuídos à profissão (em Pedagogia: 96,2%) parece evidenciar que a "ajuda", no Serviço Social, para os alunos que estão ingressando, é a expressão de um ato de amor, estabelecido em um ambiente de justiça, igualdade, solidariedade e fraternidade, segundo o princípio comunitarista.

O caso inglês não tem indicações tão claras quanto o brasileiro. Após a justiça e a igualdade, o individualismo e o amor ao próximo são os dois principais valores identificados pelos alunos. No entanto, enquanto a noção de "amor ao próximo", no Serviço Social, destaca-se das demais, pelo alto percentual a ele atribuído (31,2% de média), em relação ao individualismo, apenas 50% dos alunos consideram ser este uma característica da profissão, contra a média de 59,8% dos demais cursos.

Já o ideário comunitarista (41,4%), embora inferior percentualmente ao individualismo, tem destaque no Serviço Social, por seu alto percentual (34,8% em média). Com isso, ressalta-se que, embora os valores do indivíduo estejam presentes entre os alunos ingleses, eles são mesclados, mais do que em outros cursos, com o ideário comunitarista.

Valores como fraternidade e promoção social são igualmente distribuídos entre os cursos (15,3% e 49%, respectivamente), sem que exista um destaque para o Serviço Social. Já em relação à solidariedade, o curso de Serviço Social se estabelece apenas na média de todos os cursos (31,8%). Já a caridade (40%) ganha destaque em relação aos demais cursos (19,4% em média).

No caso inglês, três valores são claramente relevantes e centrais, na identificação do curso de Serviço Social: justiça social, igualdade social e amor ao próximo. A identificação com o individualismo e com a promoção social parece ser uma expressão da própria cultura local inglesa, uma vez que, em ambos os casos, os percentuais do Serviço Social e dos demais cursos não são discrepantes. No entanto, associados a estes dois valores estão também o comunitarismo e a caridade, evidenciando uma mescla de sentidos atribuídos à profissão.

Estas diferenças parecem refletir o mesmo contexto encontrado entre os profissionais: a idéia da ajuda social como central e orientadora das práticas profissionais. Embora no Brasil ela tenha aparecido com sinais de verticalização e tutela e na Inglaterra tenha significado horizontalização e autonomia do indivíduo, esses são valores que os alunos já trazem consigo ao ingressar no curso.

4.1.3 Distinções cívicas

O próximo passo foi tentar perceber se os alunos dos cursos analisados apresentavam, antes de ingressarem na universidade, diferenças significativas de participação cívica. Assim, perguntou-se aos alunos brasileiros e ingleses se eles tinham algum tipo de afiliação a trabalho voluntário, associação de bairro ou comunitária, partido político, movimentos sociais, sindicatos ou centro acadêmico. Vejam-se as tabelas a seguir:

Tabela 6
Participação cívica de alunos brasileiros, segundo curso universitário

Brasil	Trabalho Voluntário ou Beneficente	Associação de Bairro ou Comunit.	Partido Político	Mov. Sociais	Centro Acadêmico	Sindicato
Administração	54,50%	0,00%	0,00%	4,80%	4,80%	0,00%
C. Contábeis	28,60%	3,00%	6,20%	9,10%	3,00%	6,10%
Comunicação	37,90%	0,00%	3,40%	0,00%	0,00%	0,00%
Pedagogia	46,20%	3,80%	8,00%	3,80%	11,50%	0,00%
Serviço Social	33,30%	11,10%	8,30%	2,80%	2,80%	0,00%
Ciências Sociais	41,40%	6,90%	17,20%	27,60%	34,50%	7,20%
Total	39,00%	4,50%	7,60%	8,00%	9,20%	2,40%

Tabela 7
Participação cívica de alunos ingleses, segundo curso universitário

Inglaterra	Trabalho Voluntário ou Beneficente	Associação de Bairro ou Comunit.	Partido Político	Mov. Sociais	Centro Acadêmico	Sindicato
Pedagogia	51,40%	8,60%	5,70%	11,40%	25,70%	2,90%
Adm./Ciências Contábeis	24,10%	0,00%	0,00%	0,00%	11,50%	3,80%
Comunicação	33,00%	2,40%	2,40%	7,20%	18,10%	0,00%
Serviço Social	75,90%	7,70%	11,50%	12,00%	23,00%	26,90%
Ciências Sociais	61,80%	6,70%	6,70%	13,40%	16,60%	3,30%
Total	45,00%	4,50%	4,50%	8,50%	19,00%	5,00%

Segundo os dados de participação acima mencionados, pode-se perceber que, entre os dois países, a vinculação a trabalhos voluntários e beneficentes é o tipo de engajamento mais relevante envolvendo, em média, 39% dos alunos brasileiros e 45% dos discentes ingleses. Há, no entanto, uma diferença significativa, quando se observa a participação dos alunos de Serviço Social. No caso brasileiro, o percentual de 33% de tais alunos não representa distinção em relação aos demais, enquanto na Inglaterra, o engajamento dos alunos de Serviço Social chega a quase 76%, destacando-se dos demais alunos ingleses e também dos alunos brasileiros de Serviço Social.

Além da maior participação em trabalhos beneficentes e voluntários, em duas outras atividades o Serviço Social inglês é mais participativo do que o brasileiro: no movimento estudantil e nos sindicatos. Neste último caso, talvez a explicação esteja na diferença etária existente entre ambos, como visto no item anterior.

Na análise dos alunos brasileiros, os de Ciências Sociais são os que mais se destacam como vinculados a movimentos sociais e movimentos estudantis, ficando os alunos de Serviço Social com baixos percentuais de participação, como os demais. Na análise apenas dos alunos ingleses, o destaque é a grande participação dos alunos de Serviço Social nos trabalhos voluntários e nas atividades sindicais, valendo lembrar que na primeira é três vezes maior do que na segunda.

Assim, pela participação cívica, os alunos brasileiros não apresentaram nenhuma distinção em relação aos demais, e os ingleses se destacam nos serviços voluntários e beneficentes e na filiação sindical, evidenciando uma trajetória associativa desconhecida dos alunos brasileiros. O próximo item verifica se, na esfera religiosa, existem distinções entre os cursos.

4.1.4 Distinções religiosas

O item sobre distinções religiosas abarca um conjunto de perguntas e questões, em que se buscou aprofundar a mensuração de possíveis diferenças existentes entre os cursos. A primeira questão proposta visava identificar se os alunos são religiosos.

Perguntados sobre se eram adeptos de alguma religião, praticamente todos os alunos de Serviço Social brasileiros disseram que sim (97%), e 86,7% dos ingleses deram a mesma resposta. Este altíssimo percentual de adesão a uma religião, na comparação com os demais alunos brasileiros (78,7% de participação em média), foi um elemento de distinção para os alunos de Serviço Social.[9] Já no caso inglês, isso não ocorreu, uma vez que o percentual médio de adesão à religião foi de 74,5%.

Outro ponto de distinção importante foi observado na comparação entre os cursos. A tabela abaixo mostra que os alunos de Serviço Social brasileiros foram os que apresentaram o maior percentual de pais religiosos,[10] o que não aconteceu com os ingleses (Ver Tabela 8).

O percentual de famílias com pais religiosos também varia no caso brasileiro e se mostra estável no caso inglês. Veja na Tabela 9 que a capacidade de os pais brasileiros reproduzirem, entre seus filhos, varia de acordo com o tipo de curso.

---

9. Outros estudos sobre estudantes, principalmente de Ciências Sociais, podem ser encontrados em Novaes (1994), Vianna, Carvalho e Melo (1994), Debates do Ner (2001) e Pessanha e Villas Boas (1995).

10. Foram considerados "pais religiosos" aqueles em que ambos ou apenas um deles foi identificado como religioso.

Tabela 8
Percentual de pais religiosos, segundo curso — Brasil/Inglaterra

Curso	Brasil		Inglaterra	
	Pais religiosos	Pais não religiosos	Pais religiosos	Pais não religiosos
Serviço Social	100	0	73,0%	26,9%
Pedagogia	91,3	8,7	58,8%	41,2%
Ciências Contábeis	76,5	23,5	75,9%	24,1%
Administração	76,2	23,8		
Ciências Sociais	65,5	34,5	84,4%	15,6%
Comunicação	64,3	35,7	71,2%	28,7%

Tabela 9
Percentual de pais religiosos, segundo curso e pertencimento religioso

Brasil		Você tem religião?	
		Sim	Não
Administração	Pais religiosos	61,90%	14,30%
	Pais não religiosos	9,50%	14,30%
Ciências Contábeis	Pais religiosos	70,60%	5,90%
	Pais não religiosos	14,70%	8,80%
Comunicação	Pais religiosos	46,40%	17,90%
	Pais não religiosos	17,90%	17,90%
Pedagogia	Pais religiosos	82,60%	8,70%
	Pais não religiosos	8,70%	0,0%
Serviço Social	Pais religiosos	97,10%	2,90%
Ciências Sociais	Pais religiosos	41,40%	24,10%
	Pais não religiosos	10,30%	24,10%

Como se vê, enquanto 97,1% dos alunos de Serviço Social são religiosos e têm pais religiosos, nos cursos de Ciências Sociais e Comunicação os percentuais só chegam a 41,4% e 46,4%. Diferente do caso inglês, os alunos de Serviço Social (e de Pedagogia) se distinguem dos demais alunos brasileiros por possuírem uma cultura familiar com forte marca religiosa.

No Serviço Social brasileiro há a predominância das tradições cristãs,[11] embora isto não signifique a distinção com a média de adesão religiosa dos alunos dos outros cursos. Assim temos: 66,7% de católicos (64,7% de média), 19,5% de protestantes/evangélicos (15,2% de média), 13,9% de espíritas kardecistas (17,3% de média). Já no caso inglês, a adesão ao protestantismo por parte dos alunos de Serviço Social (73,1%) se destaca dos demais (45% em média). O percentual de católicos (19%) fica muito próximo da média (21%), não tendo, por isso, destaque. Entre católicos e protestantes, o curso de Serviço Social inglês soma 92,1% dos alunos, sendo os 8% restantes praticantes do hinduísmo.

Vale mencionar que, na Inglaterra, cursos como Administração, Comunicação e Ciências Sociais apresentaram percentuais altos de afiliados ao hinduísmo e islamismo (55% Administração, 22% Comunicação e 28% Ciências Sociais), o que pode evidenciar a atração de alunos cristãos, para o curso de Serviço Social. Por outro lado, deve-se considerar que a *Middlesex University* (Mdx) não faz parte do conjunto de instituições tradicionais de ensino superior inglesas. Por isso, ela agrega, mais que as outras, estudantes estrangeiros, assim como aqueles que não tiveram condições de ingressar nas universidades mais famosas, seja por questões de renda, seja por desempenho.

Assim, a distribuição das religiões pode ser reinterpretada: os alunos provenientes da Ásia, pertencentes às culturas religiosas orientais, se concentram em cursos como Administração e Ciências Contábeis (*Business*); já o curso de Serviço Social detém um maior número de nativos que não chegaram às instituições tradicionais; por isso, detém uma maior concentração de protestantes, além de agregar estrangeiros vindos da América (caribenhos) e não asiáticos, aumentando o percentual de cristãos.

Outro item a verificar foi a participação em instituições religiosas. Veja-se a Tabela 10.

A média de participação religiosa entre os dois países revela uma tendência de participação ligeiramente superior no Brasil (30%) do que na Inglaterra (20%). Ao focar, no entanto, os alunos de Serviço Social,

---

11. Inclui-se o Kardecismo tanto por estar relacionado com as religiões mediúnicas, quanto por basear-se em uma releitura dos textos cristãos.

Tabela 10
Percentual de Participação em instituição religiosa,
segundo curso — Brasil/Inglaterra

Curso	Participação em instituição religiosa	
	Brasil	Inglaterra
Administração	23,80%	11,50%
Ciências Contábeis	28,10%	
Comunicação	13,80%	14,40%
Pedagogia	53,90%	22,90%
Serviço Social	41,70%	44,00%
Ciências Sociais	17,20%	23,40%
Total	30,10%	20,60%

pode-se perceber (segundo testes estatísticos) que entre estes não há diferença significativa entre os países. O percentual de participação dos alunos de Serviço Social, em torno de 40%, garante destaque para os alunos ingleses, o que não ocorre com os alunos de Serviço Social no Brasil, quando comparados com os outros alunos.

Em ambos os cursos aproximadamente 37% dos alunos estão vinculados, simultaneamente, a trabalhos voluntários e religiosos ou somente a trabalhos religiosos. Novamente este mesmo percentual tem significado diferente para ingleses e brasileiros. No primeiro caso, além de nenhum outro curso possuir percentual tão alto de participação nestas instituições, o curso de Serviço Social é o que tem, junto com Ciências Sociais, maior percentual de participação em trabalhos voluntários (50%) e o menor percentual de não-participação nestas atividades (12,5%).

No caso brasileiro, o curso de Pedagogia (54%) apresentou os maiores percentuais de participação em atividades voluntárias e religiosas, quando analisadas conjuntamente, ficando o Serviço Social em segundo lugar com 37,1%.[12] Os discentes de Serviço Social não tiveram maior

---

12. O trabalho de Mariz, Fernandes e Batista (1998) dá um exemplo de uma estudante de Serviço Social que concilia o trabalho comunitário (voluntário) com o religioso: "Marluce, 32 anos, acha que é importante fazer um curso superior para adquirir conhecimentos em geral, ficar informada sobre a realidade e também porque necessita crescer. Kardecista e ex-militante do PT [Partido

destaque de participação em trabalhos voluntários (17,1% para a média de 22,1%), e tiveram um percentual de "não-participação" similar aos demais cursos (45,7% para a média de 49,4%).

Dois outros pontos foram mensurados para saber se havia distinção dos alunos de Serviço Social com os demais. O primeiro foi saber há quantos anos os alunos se tornaram membros de suas religiões e o quanto (em uma auto-avaliação, variando entre 0 e 10) eles se consideravam pessoas religiosas. A primeira pergunta não pode ser devidamente considerada, pois, como havia uma grande diferença etária entre os alunos de Serviço Social inglês, ficou afetada a diferença de anos de pertencimento religioso.

No segundo item, no entanto, os alunos brasileiros de Serviço Social claramente se distinguiram dos demais. Enquanto a média de sentimento religioso auto-atribuído variou entre 5,1 (alunos ingleses) e 5,8 (alunos brasileiros), a média dos discentes de Serviço Social, junto com os de Pedagogia (ambos da UFRJ), foi de 7,1.

Se os alunos de Serviço Social ingleses mostraram-se mais participativos, os alunos de Serviço Social brasileiros mostraram-se mais envolvidos emocionalmente com a instituição religiosa. São duas formas distintas e típicas de se vivenciar o "ser religioso", ou seja, por meio da participação nas práticas rituais e pela incorporação do sentimento de "ser religioso", mesmo que isto não signifique o comparecimento à instituição religiosa.

Em um ponto, no entanto, os alunos de Serviço Social ingleses e brasileiros diferem dos demais: ambos são os que mais têm a religião como principal parâmetro de conduta (44,4% e 48,6%, respectivamente). No caso brasileiro, este posto é dividido com os estudantes de Pedagogia (61,5%) e Ciências Contábeis (47,1%);[13] no caso inglês, o posto é dividido com as Ciências Sociais (47,1%).[14]

---

dos Trabalhadores], criada na Rocinha, essa estudante de Serviço Social tenta organizar grupo de mulheres, e sua motivação para estudar está portanto ligada a sua luta e interesse por trabalhos comunitários e políticos" (1998: 328).

13. O percentual de alunos que têm a religião como principal parâmetro de conduta em Administração (UFRJ) foi 22,7%, em Comunicação (UFRJ) 0% e em Ciências Sociais 7,4%.

14. O percentual de alunos que têm a religião como principal parâmetro de conduta em *Education* (Mdx) foi 18,8%, *Business* (Mdx) 26,9% e *Media* 27,1%.

São os cursos de Serviço Social, brasileiros e ingleses, aqueles em que se observa o menor percentual de discentes que "nunca" recorrem à religião nas suas tomadas de decisão (5,7% e 18,5%, respectivamente). No caso brasileiro, os alunos de Pedagogia registram também baixo percentual (0%);[15] para os alunos de Serviço Social ingleses, o percentual abaixo de 20% não foi acompanhado por nenhum outro curso.[16]

Observam-se padrões próprios que se expressam tanto na trajetória dos assistentes sociais brasileiros, quanto na dos ingleses.

Tabela 11
Elementos de distinção religiosa, curso de Serviço Social — Brasil/Inglaterra

Elementos de Distinção	Brasil Serviço Social com outros cursos		Inglaterra Social Work com outros cursos		Serviço Social Brasil x Inglaterra	
	S	N	S	N	S	N
Participação religiosa		*	*			*
Participação voluntária		*	*		*	
Participação religiosa e voluntária	*		*		*	
Pais religiosos	*			*	*	
Sentimento de religiosidade auto-atribuído	*			*	*	
Religião como parâmetro principal de conduta	*		*			*

No caso brasileiro, o percentual de religiosos é alto, chegando à totalidade, com uma expressiva participação religiosa e voluntária e com forte sentimento de pertencimento religioso, proveniente da tradição familiar. No caso inglês, o percentual de religiosos é também alto, não

---

15. O percentual de alunos que nunca recorrem à religião em Administração (UFRJ) foi de 22,7%, de Comunicação (UFRJ) 51,9%, em Ciências Contábeis (UFRJ) 17,6% e em Ciências Sociais 37,0%.

16. O percentual de alunos que nunca recorrem à religião em Pedagogia (*Education* — Mdx) foi 31,3%, Administração (*Business* — Mdx) 26,9%, Comunicação (*Media* — Mdx) 34,1% e Ciências Sociais (*Social Science* — Mdx) 26,5%.

chegando à quase totalidade, como no Brasil, mas os religiosos são muito mais participativos que os brasileiros. Enquanto na Inglaterra 28% dos alunos de Serviço Social são militantes religiosos, no Brasil este percentual é de apenas 5,6%. Em ambos os casos, uma média de 46,8% dos alunos têm a religião como principal parâmetro de conduta, e apenas 11,3% nunca recorrem à religião. Os outros 41,9% utilizam-se da religião em suas vidas pública e privada, conforme a situação apresentada.

* * *

O estudo com alunos evidenciou-se de extrema importância, por mostrar que existem, no Brasil e na Inglaterra, diferentes culturas que favorecem, e mesmo dinamizam a existência de nexos entre religião e assistência. Tutela e hierarquia, oriundos do aprendizado familiar, são a expressão da primeira, enquanto autonomia, individualismo e horizontalidade, resultado da participação em trabalhos voluntários e religiosos, marcam a segunda. No entanto, em ambos os casos, a religião tem uma expressão pública, rompendo com a divisão de atribuição da referência religiosa, apenas para o âmbito privado.

Os alunos agregam ao curso valores como amor ao próximo, justiça social, igualdade, e deles se utilizam para justificativa da escolha da carreira como vocação (Brasil) e como uma forma de complementação da formação profissional (Inglaterra), mas que, sobretudo, se afirma como um *desejo de ajuda*. Traços mais comunitaristas ou individualistas vão definir a sua forma e direcionamento, embora permanecendo dentro do universo semântico da ajuda social.

Desta maneira, o sentido atribuído pelos alunos à prática profissional parece não estar tão distante das motivações, dos valores e da própria cultura de que os novos alunos são portadores. Ao contrário, parece haver mesmo uma clara identificação entre uns e outros. Como já foi ressaltado no capítulo anterior, valores religiosos são utilizados para justificar e autovalorizar a escolha do curso realizada. Pode-se inferir que o sentido da ajuda social é o elemento central atribuído para a escolha da profissão e a ele estão agregados valores religiosos.

Resta saber, então, se os profissionais da assistência permanecem como pessoas religiosas após a formação profissional; se fazem a vinculação entre a sua própria prática e os valores e princípios religiosos por elas aprendidos e se estes vínculos estão associados, em alguma medida, com o ideário religioso.

Parte 3
Vínculos e nexos na teoria e na prática

Capítulo 5

A importância da religião

O presente capítulo pretende identificar qual a importância da religião para os assistentes sociais. Foi visto, com dados anteriormente mostrados, que os profissionais que chegam à profissão são pessoas religiosas e que se distinguem de alunos de outros cursos, exatamente, por esta característica. Então, o passo seguinte será qualificar o quão religiosos eles são. Verificando qual a importância dada pelos assistentes sociais à religião, será possível compreender o ponto seguinte e central deste trabalho: a identificação de como os assistentes sociais instrumentalizam a prática assistencial, a partir de suas crenças e valores religiosos.

No entanto, acrescido aos dados sobre a importância da religião para os profissionais em sua "prática", será apresentado um conjunto de dados sobre a importância que a religião tem para os profissionais que teorizam sobre a profissão. Isto se fundamenta porque, no caso inglês, mesmo sendo pouco expressivo o debate sobre religião, no conjunto da literatura sobre Serviço Social, existe um respaldo teórico para a prática desenvolvida. Artigos e textos encontrados na literatura datam dos anos 1950, como será visto no próximo capítulo. Para boa parte dos autores ingleses e norte-americanos que discutem o Serviço Social internacionalmente, a religião não é apenas um dado próprio de suas biografias pessoais, mas também um dos temas objeto de estudos pela profissão.

No caso brasileiro, mesmo não tratando diretamente do tema da religião, os profissionais que mobilizaram o debate da categoria nos anos

1980 e nos 1990 eram, praticamente, todos de inspiração marxista, influenciados por uma forma de pensar cuja origem baseava-se em uma *dèmarche* religiosa. Estes autores, oriundos de grupos católicos, como a JUC (Juventude Universitária Católica), fizeram o trânsito para o marxismo, pela via da Teologia da Libertação. Assim, diferente do caso inglês, a "teorização" produzida pelos brasileiros contribuiu, ainda que de maneira indireta, para a manutenção dos vínculos religiosos na profissão.

Antes, porém, de realizar esta caracterização, é necessário dizer que as entrevistas com profissionais (da prática) não exploraram, em profundidade, este tema. Tentou-se agregar o maior número de informações possível, por meio de fontes secundárias, embora reconhecendo que elas não eram homogêneas. Todavia, julgou-se que perceber a dimensão de adesão religiosa dos assistentes sociais, no limite das informações obtidas, era mais importante do que restringi-las, em favor de uma comparação com os mesmos dados, para ambos os países. A diferença marcante entre as fontes utilizadas foi a de que a coleta realizada para esta pesquisa com os assistentes sociais brasileiros visou, basicamente, perceber o vínculo entre formação religiosa e pertencimento religioso com a prática profissional. Já os dados secundários da bibliografia internacional enfatizam como os profissionais se apropriam e utilizam dos conteúdos religiosos, na própria prática assistencial.

A seguir, será mostrada, em primeiro lugar, a importância da religião para os profissionais, brasileiros e ingleses, inseridos na prática profissional; em segundo, a relevância da religião para os autores que teorizam sobre a profissão.

5.1 Importância para os Assistentes Sociais

Se, no item anterior, foi visto que quase a totalidade dos assistentes sociais teve uma formação religiosa, agora é o momento de saber se eles ainda se dizem vinculados a uma religião. Na pesquisa nacional realizada no Brasil, 88% dos assistentes sociais afirmaram ter alguma religião. A tabela a seguir mostra que apenas 2,5% dos assistentes sociais ou não tiveram formação religiosa, ou não se consideram pessoas religiosas, o que representa um grupo extremamente reduzido.

PEDRO SIMÕES

Tabela 12
Pertencimento religioso x Formação religiosa — Brasil

| | | Formação religiosa | | Total |
		sim	não	
Religião	sim	83%	5,1%	88,1%
	não	9,4%	2,5%	11,9%
Total		92,4%	7,6%	100,0%

É predominante a presença do catolicismo na profissão, apesar do destaque de grande percentual de espíritas. Veja-se a Tabela 13:

Tabela 13
Religião dos assistentes sociais brasileiros, da população das principais regiões metropolitanas e do Brasil

Qual a religião?	Serviço Social	População das Principais regiões metropolitanas	Brasil
Católica	56,0%	69,4%	75,0%
Espírita [Kardecista]	15,0%	5,0%	3,5%
Evangélica/Protestante	10,0%	17,1%	13,3%
Afro-Brasileira	1,0%	1,0%	1,3%
Outras	6,0%	3,0%	2,0%
Nenhuma	12,0%	4,5%	4,9%
Total	100,0%	100,0%	100,0%

Fonte: PNE/IBGE, 1996 e Pierucci e Prandi, 1996

Os dados acima mostram que, para as religiões "evangélica e protestante" e "afro-brasileira", que menos afetam as práticas assistenciais típicas, as porcentagens observadas são muito próximas da distribuição encontrada entre os brasileiros, ou seja, das porcentagens esperadas. Já no kardecismo, que partilha de uma concepção de assistência muito próxima à católica, o percentual observado entre os assistentes sociais é de três a cinco vezes maior do que entre os brasileiros, contribuindo para a diminuição do percentual de católicos na profissão. A soma do percentual das duas religiões atinge 71%, aproximando-se dos 74,4%

ou 78% de católicos e espíritas no Brasil (dependendo do percentual considerado).

Outro dado a ser destacado é o percentual de profissionais "sem-religião". Como se pode perceber, este é, entre duas e três vezes, superior aos encontrados no Brasil. Não há, no entanto, estudos que expliquem os percentuais deste grupo. No caso específico do Serviço Social brasileiro, não é possível desconsiderar que a difusão de um tipo específico de marxismo, marcadamente avesso à religião, pode ter contribuído para este alto percentual de assistentes sociais afastados da religião. É necessário, no entanto, que sejam feitas pesquisas específicas para assegurar se a influência marxista foi, e tem sido, um importante fator de ateísmo.

Além de se procurar saber se os assistentes sociais eram, ou não, religiosos, buscou-se também informações a respeito da participação cívica destes. Perguntou-se, então, a que instituições da sociedade civil os profissionais estavam vinculados e obteve-se o seguinte resultado:

Tabela 14

Participação dos assistentes sociais brasileiros em instituições civis

Instituições	Participa		Total
	Sim	Não	
Trabalho voluntário	62,5	37,5	100
Instituição religiosa	41,0	59,0	100
Movimentos sociais	37,7	62,3	100
Partido político	22,9	77,2	100
Assoc. de bairro	19,2	80,7	100

A Tabela 14 revela que os assistentes sociais são bastante participativos, sendo que freqüentam instituições também voltadas à forma tradicional de assistência social (vinculação entre religião e voluntariado). Além disso, nos testes de significância (estatística) realizados, verificou-se que ser religioso contribuía positivamente para a participação em trabalhos voluntários e negativamente para a participação sindical, por exemplo.

Perguntados, também, sobre o quanto se consideravam pessoas religiosas (variando entre 0 e 10), a média encontrada foi 6,8.[1] Para se ter um parâmetro de quão alto é este valor, outra pergunta foi feita, referindo-se a quanto os assistentes sociais consideravam-se politizados. A média obtida foi praticamente a mesma (7,0), embora toda a estrutura do curso vise à politização dos profissionais.[2] Pode-se aferir que, enquanto a politização é fornecida pelo curso, derivando em um alto sentimento de politização, a média de religiosidade apresentada tem relação com o passado religioso dos profissionais.

Novamente, os trabalhos voluntários e, agora, os de bairro (paroquiais) são os que agregam os assistentes sociais que se consideram mais religiosos. Observe-se, então, onde se localizam os assistentes sociais com maior sentimento de religiosidade:

Tabela 15
Sentimento de religiosidade auto-atribuído, segundo participação
em instituições civis

Instituição	Sentimento de religiosidade auto-atribuído		
	Não Participa	Participa	Milita
Instituição religiosa	6,0	7,8	8,7
Associação de bairro	6,7	7,3	8,2
Trabalho voluntário*	6,3	7,2	
Partido político	7,0	6,1	7,1
Sindicato	7,0	6,2	6,0

* Nestes casos o "não participa" significa "não" e o "participa", sim.

Praticamente 75% dos assistentes sociais estão engajados em uma das duas instituições que guardam uma relação positiva com o sentimento de religiosidade (associação de bairro e trabalho voluntário), além

---

1. Ver no capítulo 4 que os alunos brasileiros de Serviço Social apresentaram a mesma média que os profissionais.

2. Não há correlação estatística entre as duas médias. Isto significa que os sentimentos auto-atribuídos de religiosidade e de politização são independentes.

da própria instituição religiosa, sendo que 10% afirmaram participar das três simultaneamente.

Embora nas entrevistas nem todos os casos relatem a trajetória do período de formação religiosa (infância e adolescência) até o momento atual, ainda assim, é possível perceber trajetórias contínuas:

"Eu estudei em colégio de freiras até 17 anos. Eu sou católica e a minha participação religiosa continua até hoje. Eu participo e sou responsável por um grupo de adolescentes há muitos anos" (AS, 1995).

"Eu vivi a minha vida inteira, até eu casar, depois que você casa, aí muda um pouco" (AS, 1983).

Trajetórias de distanciamento e reaproximação com a religião em que foi criada:

"Pois é, teve uma época em que eu comecei a catequese. Mas não continuei. (...) Depois vem aquele envolvimento que a gente passa a ter dentro dos grupos, dentro da religião que você... aí fica mesmo uma coisa mais espontânea." (AS, 1975)

"Eu fui criada dentro da religião Católica Apostólica Romana, de ir à missa. (...) Quando chegou nos 14 anos eu passei a não acreditar em mais nada. Tudo era reza, reza, reza, pede isso para fazer boa prova, aí quando acontecia eu dizia: coincidência. (...) Eu achava a religião católica muito castradora e depois veio a Teologia da Libertação..." (AS, 1975)

E a escolha (consciente) de uma outra religião[3] ou a opção por uma trajetória mais espiritualista:

"Foram épocas diferentes. Igreja Católica até fazer o catecismo, primeira comunhão, mais criança (11 ou 12 anos, por aí). E a parte mais de espiritismo já adulta" (AS, 1984);

---

3. Conforme a publicação de Pierucci e Prandi, "cerca de um quarto da população adulta [brasileira] já experimentou o sentido da adesão a uma religião diferente daquela em que nasceu" (1996: 257), no entanto, este não é um problema relevante para a argumentação que se segue, visto que, independente das diferenças internas e teológicas de cada denominação, o relevante é o fato de que o profissional permanece religioso. Inclusive, a experiência da conversão é um importante indicador da relevância da religião para a vida dos indivíduos, visto que ela se torna uma "livre escolha que se faz frente a variadas necessidades e diversas possibilidades de tê-las atendidas" (idem).

"Eu sou católica de carteirinha, fui batizada, fiz primeira comunhão, mas hoje em dia eu não freqüento a Igreja. Eu gosto do Centro Espírita, numa linha kardecista" (AS, 1987).

É curioso notar que não houve menção a uma ruptura radical ou definitiva com a religião, com os valores religiosos, ou mesmo uma opção por valores não-religiosos, como parâmetro de comportamento. Duas fontes foram importantes para identificar a continuidade da importância da religião, durante a vida profissional: a leitura de livros não acadêmicos e a participação em grupos religiosos. Em relação ao primeiro item, nove assistentes sociais (dos dezessete) estavam lendo livros religiosos (basicamente espíritas), quando foi feita a pesquisa. Além disso, oito deles participavam de algum tipo de trabalho voluntário e doze tinham algum tipo de participação religiosa. A maior parte fazia uma ou duas destas atividades, sendo que quatro realizavam as quatro citadas e somente um deles disse não ler livros religiosos, nem participar de trabalhos voluntários ou de atividades religiosas *de forma sistemática*.

No entanto, a importância da religião cresce, quando se deixa de verificar apenas as respostas dicotômicas e são considerados detalhes mencionados. Alguns trabalhos voluntários eram realizados na própria Igreja que a pessoa freqüentava, onde se utilizava o conhecimento profissional de que se dispunha:

"Olha, o trabalho voluntário de que eu participo é na minha Igreja. Eu faço palestras sobre dependência química..." (AS, 1986),

embora realizando atividades propriamente religiosas:

"Eu sou católica e a minha participação religiosa continua até hoje. Eu participo e sou responsável por um grupo de jovens há muitos anos." (AS, 1995)

A possibilidade de identificação entre o trabalho social realizado dentro da Igreja e na profissão é de tal ordem que, por vezes, opta-se pelo desempenho de uma atividade estritamente religiosa, para evitar que se confundam as duas áreas.

"Mas hoje eu confesso que eu tendo a trabalhar na Igreja, eu fujo um pouco de obra social." (AS, 2000)

Quanto à participação em instituições religiosas, esta nem sempre é muito regular ("Eu participo da Igreja [Católica], mas muito pouco" [AS, 1975]), embora o espaço religioso não deixe de ser freqüentado, em algumas ocasiões, mostrando uma relativa importância da religião na vida do assistente social.

> "Eu já nasci no kardecismo. Eu já conheci meu pai dentro do kardecismo. Ele era médium. Hoje ele já é falecido há 23 anos e a minha mãe há 20 e eu tenho uma irmã que conserva este ritual, conserva estas reuniões até hoje. E sempre que posso eu participo delas. Por isso, que... eu me considero uma pessoa religiosa." (AS, 1980)

Os dados sobre os assistentes sociais brasileiros mostram que eles permanecem, em sua grande maioria, religiosos. O mesmo pode ser dito dos ingleses?[4] Os dados de Furman et al. (2002) apontam para um total de 70% de assistentes sociais religiosos, contra um percentual igual da população inglesa (*Whitaker's Almanack*, 2003). Infelizmente não será possível mostrar a discriminação da adesão religiosa, já que a forma de classificação foi distinta da contagem nacional. Segundo os dados de Furman, praticamente 83% dos assistentes sociais ingleses afirmam que, atualmente, têm experiências religiosas que variam de "neutra" a "muito positiva".

Também entre os assistentes sociais ingleses, nem todos os casos relataram a trajetória do período de formação religiosa (infância e adolescência) até o momento atual. Mas também aqui foi possível perceber trajetórias contínuas:

> "Eu era cristão e fui confirmado católico. [...] eu sou um católico praticante." (SW, 1979)

Trajetórias de distanciamento e reaproximação com a religião em que foi criada:

> "Eu rejeitei [a religião] como a maior parte das pessoas quando eu era adolescente e depois retornei mais seriamente após os 30 (anos)." (SW, 1960's)

---

4. Joseph (1988), Derezotes e Evans (1995), Derezotes (1995) e Furman (2000) mostram a importância da religião e da espiritualidade para os assistentes sociais norte-americanos.

E a escolha (consciente) de uma outra religião ou a opção por uma trajetória mais espiritualista:

"Eu fui à escola dominical quando eu era criança e depois, aos 12, eu me tornei professora da escola dominical (Igreja da Escócia). Eu fiz isto até os 15 [anos]. [...] Agora eu acredito em espiritualidade." (SW, 1995)

Além destes três casos, também foi possível encontrar aqueles que rejeitaram a idéia de religião, como forma de instituição, mas mantiveram-se com valores religiosos:

"Eu cresci com religião em casa. [...] Eu tenho uma fé em alguma coisa. Eu não gosto da palavra religião." (SW, 1971)

"Eu cresci em um lar cristão [...]. Eu cresci com um profundo senso de valores socialistas e cristãos. Eu não sou religioso hoje como adulto. Eu não tenho seguido uma religião ou tenho sido membro de nenhuma organização religiosa. Eu tenho um senso amplo de valores cristãos misturados com outros valores [...]. Valores cristãos e valores socialistas." (SW, 1975)

"Embora eu não vá a Igreja, eu tenho um senso de espiritualidade e sou influenciado, no meu padrão moral, por valores cristãos," (SW, 1976)

ou passaram a ter crenças mais espiritualistas:

"Eu sou judeu, mas não praticante. [...] Eu sou uma pessoa espiritualista. Isto significa para mim estar consciente da vida como um todo," (SW, 1977)

e aqueles que não fizeram menção de continuar com crenças religiosas ou espiritualistas, após a formação religiosa que tiveram quando crianças:

"Quando criança eu fui à Igreja. Eu parei quando eu tinha 13 [anos]." (SW, 1977)

No caso dos assistentes sociais ingleses, não houve nenhuma citação de títulos de livros religiosos e todos os assistentes sociais fazem ou fizeram algum tipo de trabalho voluntário. Dez profissionais disseram manter algum tipo de participação em instituições religiosas, sendo que alguns estavam também comprometidos com o trabalho assistencial promovido por sua Igreja.[5]

Os sinais de que os assistentes sociais ingleses valorizam a sua formação religiosa e a consideram relevante são mais fracos do que os encontrados no Brasil; no entanto, são igualmente expressivos. Brasileiros e ingleses continuam, em sua maioria, praticantes ou crentes (adeptos) de uma religião ou com concepções religiosas associadas à prática da profissão.

5.2 Importância para os autores de Serviço Social

Os autores de Serviço Social, brasileiros e ingleses, valorizam a religião, mas seguindo caminhos diversos. Por isso, a análise deste item será dividida em duas partes: primeiro, será mostrada a importância da religião para os autores ingleses, e, em seguida para os autores brasileiros.

5.2.1 Para os ingleses

Uma das características que peculiarizam a literatura inglesa (e internacional[6]) é a extrema especialização do conhecimento. Isto leva a que, para cada tema ou área de intervenção, exista não só uma literatura própria, mas também métodos delineados para a ação profissional, no formato de manuais. Dessa forma, os temas relativos à importância da religião no Serviço Social, embora não venham sendo tratados como centrais no debate acadêmico sobre o Serviço Social, e não seja sobre eles que verse o maior número de publicações encontradas, vêm sendo abordados pela literatura, desde os anos 1950.

Não parece estranha a referência de textos antigos tratando da religião no Serviço Social, já que a profissão deriva, em grande parte, de

---

5. "Eu trabalho na Igreja para preparar crianças para a instrução religiosa" (SW, 1984).

6. A literatura de língua inglesa é utilizada de forma ampla em todos os países anglofônicos e em todos aqueles em que há uma forte influência destes. Desta forma, foi possível coletar textos de diferentes origens, para serem somados aos da literatura inglesa, e todos serão analisados conjuntamente.

iniciativas religiosas. O inesperado é verificar que, com o passar do tempo, o número de publicações sobre o tema cresce, principalmente nos anos 80 e 90 do século XX. Este aumento de publicações pode ter diferentes significados que não serão tratados em profundidade. Contudo, pode-se sugerir que tal aumento corresponda a uma sintonia entre a profissão e a crescente busca pela religião e pela espiritualidade, ocorrida nos anos 1990. Pode indicar, também, que o crescimento dos textos sobre o tema se faz, mais recentemente, como uma derivação da apreensão de pressupostos pós-modernos na literatura profissional, sendo a religião apenas um destes exemplos.[7] Para se chegar a uma conclusão que não seja apressada, pesquisas deveriam ser realizadas buscando, exatamente, identificar a existência e razão desta tendência, o que não é o objeto da pesquisa aqui desenvolvida.

O aumento de publicações sobre a religião na assistência social parece indicar uma sintonia entre a produção acadêmica e os profissionais da prática. No entanto, quando tratado pelos autores, o tema da religião é sempre tido como "ausente" da literatura. Esta recorrência à idéia de poucas publicações sobre o assunto abre duas possibilidades. A primeira é a de que os assistentes sociais ingleses, assim como os brasileiros, relacionaram seus valores e crenças religiosos à prática profissional sem que contassem com um respaldo acadêmico claramente estabelecido para isto (no caso brasileiro, sem nenhum recurso da literatura). Nesta hipótese, este foi o resultado da existência de sentido entre religião e assistência, percebido pelos próprios profissionais, a partir de suas próprias experiências, anteriormente registradas neste trabalho.

A segunda possibilidade é a de que, ao escreverem e publicarem sobre o tema, de forma mais ou menos sistemática, os autores o faziam com o intuito de estabelecer uma nova área de estudos e preocupações para a profissão. Em certo sentido, estes trabalhos revelam a coragem de enfrentamento dos rigores acadêmicos laicos e seculares e são um testemunho da convicção religiosa desses autores. A análise do conjunto dos trabalhos revela uma crescente busca para marcar a relevância do estudo da religião e sugerir sua inclusão como disciplina acadêmica.

---

7. Ver, por exemplo, o trabalho de Meinert, Pardeck e Murphy (1998), "Postmodernism, Religion and the Future of Social Work".

Isso mostra o esforço, de parte da categoria, para tratar a religião por um enfoque científico, embora isto nem sempre tenha sido realizado. Em parte, estas iniciativas foram importantes para fornecer a impressão de que as intervenções profissionais resguardavam a imparcialidade de valores e crenças entendida, pelos profissionais, como necessária.

Os autores que se dedicaram a este debate eram, eles próprios, religiosos, assumindo o seu passado (e o seu presente) religioso. Loewenberg (1988), por exemplo, que escreveu um dos principais livros sobre o tema nos EUA, afirma: "o leitor pode perguntar se eu 'acredito'. Minha resposta para esta questão é que eu creio e que eu pratico minhas crenças" (1988: xii).

Crompton (1998), ao tratar da forma como a religião e a espiritualidade de crianças deveriam ser respeitadas na Inglaterra, seguindo o *Children Act* (1989), afirma: "meu próprio passado assenta-se no cristianismo — uma menina anglicana — seguido de muitos anos sem estar vinculada a nenhuma denominação, então (e presentemente) membro da Sociedade Religiosa de Amigos (*Religious Society of Friends*). Inevitavelmente, meu próprio passado e crenças devem estar evidentes no texto,..." (Crompton, 1998: xii). O mesmo ocorre com autores desde Keith-Lucas (1960) e Spencer (1956, 1957 e 1961) até Canda e Furman (1999) e Hugen (1998), por exemplo. Todo o esforço para se demonstrar a relevância da religião no Serviço Social, assim como a tentativa de incorporá-la à prática assistencial, indicam sua importância para seus autores.

Como último ponto de análise, vale ressaltar que para os autores ingleses (e internacionais) existe uma diferenciação entre a importância da *religião* e da *espiritualidade* para o Serviço Social. Autores como Spencer (1961), Delgado (1977), Meystedt (1984), Canda (1988), Loewenberg (1988), Bullis, (1996), Carrol (1997 e 1998), Crompton (1998), Patel, Naik e Humphries (1998), Canda e Furman (1999) buscaram estabelecer os parâmetros entre um e outro conceito.

Em geral, o conceito de espiritualidade está relacionado à idéia de busca do sentido da vida, independente de estar relacionado a uma instituição, a um corpo específico de conhecimentos ou de práticas (Spencer, 1961, Carrol, 1997, Canda, 1988, Crompton, 1998, Rice, 2002 e Kissman and Maurer, 2001). Está também vinculado à idéia da existência de um mundo invisível, habitado por espíritos bons e maus, que influenciam nosso comportamento (Delgado, 1977), sendo a espiritualidade um aspecto básico da experiência humana, conseqüentemente (Canda, 1988).

Já em Bullis (1996) o conceito se refere à relação entre a pessoa e um poder superior (*Higher Power*) que a transcende. Em Carrol (1998), a autora define dois tipos de espiritualidade: "*spirituality-as-essence*" (espiritualidade-como-essência)[8] e "*spirituality-as-one-dimension*" (espiritualidade-como-uma-dimensão).[9] Crompton adiciona cinco palavras-chave para definir o que seria a "necessidade e vida espiritual: amor, paz, deslumbramento, confiança, relacionamento" (Crompton, 1998: 42), além de a experiência da espiritualidade incluir quatro elementos principais: "mistério, consciência, valores e *insight*" (idem). Embora estes conceitos pareçam estar afastados da idéia da ajuda e dos trabalhos assistenciais, Canda e Furman afirmam que "espiritualidade é o coração da ajuda" (1999: xv). Em Rice o conceito de espiritualidade envolve ainda "crenças sobre o funcionamento do universo e um código moral pessoal" (2002: 305). Finalmente, "promove os sentimentos de ser cuidado por, valorizado, salvo, esperançado, amado e amável" e "[isto] pode ser visto como transpessoal e uma parte integral da saúde emocional pessoal" (Kissman e Maurer, 2001: 35).

Já o conceito de religião está relacionado a um corpo de crenças ou práticas ou a um grupo de pessoas que acredita em uma doutrina preocupada com a natureza do universo e com a relação do homem com o universo (Spencer, 1961), ou com "os problemas últimos da vida" (Meystedt, 1984, Patel, Naik e Humphries, 1998). Já Loewenberg não desconsidera a possibilidade de "um indivíduo (ou um grupo) ter um profundo comprometimento com valores religiosos ou espirituais, sem ter uma afiliação formal com uma instituição religiosa e sem praticar

---

8. Espiritualidade-como-essência significa: "o espírito humano como 'o princípio da vida e da energia vital' [...]; refere-se ao âmago natural que provê um senso de inteireza pessoal e uma energia que motiva as pessoas para promoverem seus potenciais de autodesenvolvimento e autotransformação" (Carrol, 1998: 3-4).

9. Espiritualidade-como-uma-dimensão significa: "espiritualidade como parte da existência, da experiência e do comportamento humano; refere-se especialmente a comportamentos e experiências envolvidas no sentido e na relação com Deus, o transcendente, ou a realidade última" (Carrol, 1998: 4).

nenhum ritual, reconhecido como religioso" (1988: 33). Em Bullis (1996) a religião está definida como tendo rituais, dogmas, credos e uma identidade denominacional. Já em Patel, Naik e Humphries, a religião diz respeito a "modelos de comportamento individual e social que ajudam os crentes a organizar suas vidas cotidianas. Neste caso, a religião explica as condições últimas da existência. Ela descreve realidades supranaturais usando práticas e linguagens que organizam o mundo, em termos do transcendente e do que é profundamente sagrado" (1998: 2). Já em Rice, religião "pode ser considerada como uma única expressão ou aspecto da espiritualidade a qual pode ser encontrada dentro do contexto da religião" (2002: 305).

Em ambos os casos, o que diferencia religião de espiritualidade é, basicamente, o caráter institucional da primeira, em contrapartida à espiritualidade, que, tendo os mesmos propósitos que a religião, pode dar-se "dentro" ou "fora" das religiões institucionalizadas. Além disso, o caminho da "espiritualização" é, em geral, derivado de uma insatisfação com a religião na qual o indivíduo foi formado. Assim, há uma forte identidade entre ambas, o que permite que elas sejam conjuntamente analisadas.

Para além destas diferenças entre religião e espiritualidade, o ponto central para estes autores está em ambas serem tratadas como partes constitutivas do "ser humano", tornando-se, assim, uma "necessidade humana", e sendo, portanto, incluídas como necessidades a serem supridas pelas práticas assistenciais (Spencer, 1957 e 1961; Salomon, 1967; Canda, 1983, 1988 e 1989; Delton, 1990; Amato-Von Hemert, 1994; Sermabeikian, 1994; Carrol, 1997 e 1998; Crompton, 1998; Patel, Naik, Humphries, 1998; Hugen, 1998; Canda e Furman, 1999; Hook, Hugen e Aguilar, 2001; e Moss, 2002). Assim, os indivíduos não teriam apenas necessidades biológicas, sociais e psicológicas, mas também espirituais, alargando-se, então, a perspectiva holística do ser humano.

Canda trata deste tema, quando afirma que "assistentes sociais precisam estar preparados para lidar com os aspectos espirituais e religiosos da experiência dos clientes, como qualquer outro aspecto de suas experiências" (1989: 36). E Delton afirma que, "como uma profissão 'holística', o Serviço Social é obrigado a atender à dimensão espiritual" (1990: 7). E ainda Crompton afirma: "... demonstrar que religião e espiritualidade são aspectos essenciais de cada pessoa, como um todo, com implicações para o bem-estar na vida prática e cotidiana" (1998: xiii).

Nesta perspectiva, a separação e divisão entre espírito e matéria é puramente artificial e, ao incluir o indivíduo em seu meio-ambiente, a dimensão espiritual deve ser considerada, como afirma Crompton: "existe somente uma separação artificial entre corpo e espírito, entre ser humano e seu meio ambiente, entre vida e saúde" (1998: 37).

Partindo de uma concepção naturalizada do "ser humano", os autores não apresentam argumentos divergentes entre si, embora alguns pontuem certos aspectos que não são tratados nos demais. Assim, o que se torna relevante no estudo é identificar que elementos são considerados como as "necessidades espirituais/religiosas do ser humano".

Entre os aspectos abordados como próprios das necessidades espirituais estão: "o sentido da vida", o contato com um poder superior, a preocupação com o bem-estar alheio, que deve subjugar interesses egoístas e dispor sua vida à vontade de Deus. Para os autores, a espiritualidade é o princípio da vida, fornece o senso de inteireza (*wholeness*) para as pessoas e é a energia que as motiva a aumentar seu potencial de autodesenvolvimento e autotransformação (Carrol, 1998). Outro ponto enfocado é o entendimento da religião e da espiritualidade como capazes de fornecer "modelos de comportamento social e individual para ajudar os crentes a organizar sua vida cotidiana" (Patel, Naik e Humphries, 1998: 2).

Posto desta forma, parece que tais necessidades são apenas a expressão da crença dos autores. Embora estes autores não cogitem de realizar qualquer estudo sociológico da religião, a partir dos autores clássicos da matéria, parte-se da constatação de que estas são expressões de necessidades encontradas na própria população com que se trabalha. Usuários com perspectiva de vida religiosa, grupos étnicos em que a religião é parte da identidade comunitária, pessoas com doenças terminais, por exemplo, constituem uma clientela que espera ver suas "necessidades espirituais" não apenas respeitadas, mas supridas. É a partir deste entendimento que os autores buscam fundamentar a prática profissional, como será mostrado no próximo capítulo.

5.2.2 Para os brasileiros

O Serviço Social brasileiro, como já foi visto no capítulo 1, teve forte influência da religião no debate acadêmico, de maneira explícita e amplamente reconhecida, até os anos 1970. Até esta data, os esforços de profissionalização do ensino do Serviço Social eram feitos, por meio de um rigor metodológico de cunho positivista e fenomenológico. Em ambos os casos, a influência de conceitos neotomistas estava presente nas formulações teóricas dos assistentes sociais, garantindo uma base religiosa de princípios e de valores para a profissão.[10]

Com estas referências, o ciclo de reprodução dos vínculos entre religião e Serviço Social mantinha-se de maneira facilitada. Ainda que unindo um rigor cientificista às formulações e explicações dos fenômenos sociais, assim como aos métodos interventivos, a base de valores mantinha-se afinada com o ideário religioso. Assim, justificava-se a presença de contingentes significativos de pessoas religiosas no Serviço Social, uma vez que o ensino e a prática profissional estavam ancorados, em alguma extensão, em valores religiosos. Uma vez incorporando grandes contingentes de religiosos que chegavam à profissão, identificando nela princípios que lhes eram caros, constituía-se um reflexo auto-reprodutivo: a profissão atraía pessoas religiosas por seu caráter religioso e o Serviço Social era "religioso", porque atraía pessoas religiosas.

Na segunda metade dos anos 1970 e, principalmente, durante os anos 1980, a influência do marxismo na profissão determina um marco, visto pela categoria como um "divisor de águas", definindo os rumos

---

10. O exemplo clássico desta influência são os documentos de "Araxá" e "Teresópolis", que tiveram, nos anos 1970, o objetivo de estabelecer uma nova teoria e metodologia do Serviço Social. No primeiro texto, os "postulados éticos e metafísicos" (da dignidade da pessoa humana, da sociabilidade essencial da pessoa humana e da perfectibilidade humana) são tidos como uma extração direta do neotomismo. O segundo documento, que é complementar ao primeiro, baseia-se nas idéias do padre Lebret. Por isso, as "necessidades sociais" a serem observadas na prática do Serviço Social incluem o "nível de vida ética e espiritual" (CBCISS, 1986).

Em relação à influência da religião nos estudos fenomenológicos, recorre-se, aqui, a um dos estudos clássicos realizados no final dos anos 1980. Almeida (1989), na introdução de seu estudo, afirma: "nossas preocupações fundamentais estão apoiadas em critérios a partir da compreensão homem e mundo, orientada numa hermenêutica da realidade pela teoria personalista do conhecimento, por uma fenomenologia existencial e por uma ética cristã motivante" (1989: 11).

do ensino do Serviço Social. Além de propor uma novidade teórico-metodológica para a profissão, em sua grande maioria, os escritos marxistas deixaram de incluir, em suas teorizações valores e princípios oriundos diretamente da religião. Desta feita, a afirmativa de que os autores desta tradição contribuíram, em alguma medida, para o reforço dos vínculos existentes entre a religião e a assistência social pode parecer precipitada. Há, no entanto, estudos que indicam a possibilidade de esta contribuição existir.

O estudo de Lídia da Silva (1991), por exemplo, trata da formação sociocultural apenas dos principais assistentes sociais marxistas que influenciaram na profissão. Os profissionais entrevistados, nascidos entre as décadas de 1930 e 1950, terminaram o curso ao longo dos anos 1960. Em sua tese de doutorado, a autora recupera a história de vida destes profissionais, buscando identificar a forma como chegaram ao marxismo. Esse estudo aborda, entre outros temas, o perfil de assistentes sociais que foram os mais atuantes e destacados,[11] no final dos anos 1970.

Afirma a autora, ao tratar do período de juventude destes profissionais, que "a participação dos adolescentes, quando ainda estudantes secundaristas, em movimentos da Igreja Católica foi uma experiência identificada em dezenove das vinte e três Histórias de Vida" (1991: 155). Esta experiência os aproximou da política e do marxismo, assim como "o peso destes [movimentos religiosos] na conformação de suas consciências e na percepção da realidade social, através de uma determinada angulação — a da Igreja, tanto em suas versões mais 'progressistas', quanto nas mais tradicionais naquele momento histórico —, foi bastante significativo" (idem: 168).

A escolha da profissão para estes assistentes sociais que eram também em sua maioria mulheres (apenas três eram homens) dá-se, segundo Silva (1991), por uma motivação religiosa, com forte conotação polí-

---

11. Os entrevistados são: Alba Maria Pinho de Carvalho, Aldayr B. Barthy, Ana Maria Quiroga F. Netto, Assunção Hernandes de Andrade, Eugênia Célia Raizer, Eva Teresinha S. Faleiros, Joaquina B. Teixeira, Josefa B. Lopes, José Paulo Netto, Leila Lima Santos, Maria Inês de S. Bravo, Maria Helena de Almeida Lima, Maria Helena L. Godinho, Maria Luiza de Souza, Marta Silva Campos, Nobuco Kameyama, Rosalina Santa C. Leite, Safira Bezerra Ammann, Suely Gomes Costa, Vicente de Paula Faleiros, Yara S. Vicini, Walderez L. Miguel e Lídia Maria M. Rodrigues da Silva.

tica. O discurso humanista-cristão é marcante nas narrativas e o ideário de "doação de suas vidas, no sentido da construção de um mundo fraterno e justo, no qual a realização pessoal se subordina à exigência ética da erradicação da miséria e das injustiças sociais pela evangelização das massas, é o ponto central do discurso dos narradores católicos" (idem: 169). É com o objetivo de realizar esta "missão", ou de assumir este "compromisso social" (expressões utilizadas pelos próprios assistentes sociais), que escolhem a profissão Serviço Social.

Sobre a origem social dos assistentes sociais entrevistados, afirma a autora que "algumas [famílias] podem ser descritas como típicas famílias de 'classe média' urbana — em seus mais variados estratos [...]. Outras famílias [eram] de origem rural [...]. Em apenas quatro casos, as famílias de origem dos narradores foram proprietárias de casas comerciais [...]" (idem: 111). A conclusão a que a autora chega é que os entrevistados, "se não passavam dificuldades, também não eram ricos" (idem: 116) e apenas três chamam a atenção para a pobreza em que viviam. De todo modo, estamos diante de uma origem social bem diversa dos "pioneiros" (identificados como tendo uma origem burguesa) tratados por Carvalho e Iamamoto (1982), e a busca de uma profissão que gerasse justiça social dá-se por razões diversas, embora a motivação seja a mesma (religiosa).

Em relação ao "capital cultural" legado pelas famílias, afirma Silva que há como uma unidade, "pois as mesmas são recorrentemente descritas como conservadoras, tanto no plano político, como no da religião e da moral" (idem: 119). As famílias eram, segundo a autora, católicas tradicionais, ou seja, militantes. Curiosamente, a religião "circulava no interior das famílias, principalmente por meio das mulheres adultas[12] (avós, mães, tias e irmãs mais velhas)" (idem: 125). Três narradoras revelam terem se sentido vocacionadas para a vida religiosa. A autora trata como central, para a formação existencial destes assistentes sociais, a vivência de valores "tanto religiosos, como laicos, valores que em seu conjunto podem ser catalogados como fazendo parte da 'civilização cristã ocidental', ou do 'humanismo-cristão'" (idem: 127).

---

12. O "papel" dos homens nas famílias não incorporava elementos religiosos, sendo eles, por vezes, críticos ou indiferentes.

Uma das conseqüências desta influência deve ser anotada. Se outras formas de entendimento da profissão, identificadas com o positivismo e a fenomenologia, não conseguiram romper com a influência religiosa na profissão, ainda que estivessem empenhadas em constituir bases seculares e científicas para esta, isto ocorreu por motivos já ressaltados anteriormente: os assistentes sociais, responsáveis por esta passagem, eram religiosos e tiveram uma formação tradicionalista. Desta forma, podia-se prever que elementos fortes de continuidade fossem percebidos na "nova proposta" de Serviço Social.

No entanto, os autores que criticam estas posturas, assim como suas "reatualizações" (Iamamoto, 1992), têm, segundo a apreciação de Silva, a mesma *dèmarche* de análise: o humanismo-cristão e os valores cristãos ocidentais. A formação cultural dos assistentes sociais, especificamente da "primeira"[13] geração marxista no Serviço Social, detém uma perspectiva de análise religiosa que determina, teórica e metodologicamente, a formação profissional.

Se o neotomismo foi o suporte que esteve na base dos valores e princípios para as propostas "conservadoras" de ação profissional, a Teologia da Libertação,[14] assim como a obra de Paulo Freire, deram o suporte para propostas assistenciais alternativas, que buscavam "vinculação ao movimento de construção de uma Pedagogia emancipatória pelas classes subalternas" (Abreu, 2002: 131).

Esta forte presença dos valores cristãos na constituição do perfil profissional não deixou de repercutir nas entrevistas realizadas pela equipe do Dieese[15] (Departamento Intersindical de Estatística e Estudos Socioeconômicos), na pesquisa realizada em 1995, intitulada "Serviço Social: trajetórias e perspectivas". Embora, nessa oportunidade, o objetivo dos pesquisadores não fosse traçar o perfil dos 41 assistentes sociais (35 mulheres e 6 homens) mais reconhecidos na profissão, o aspecto

---

13. Já há, certamente, uma "segunda" geração marxista no Serviço Social que foi formada pela primeira. São os quadros docentes mais recentes, principalmente, das universidades públicas.

14. Um estudo específico sobre a Teologia da Libertação e o Serviço Social encontra-se em Carrara (1999).

15. Uma das partes da pesquisa, realizada pelas entidades representativas do Serviço Social, enfocada no início deste trabalho.

religioso da formação cultural destes foi detectado e apontado em duas notas, que afirmam:

"Uma entrevistada, ao referir-se à profissão dos AS como uma das poucas, ou talvez a única que, no quadro da divisão sociotécnica do trabalho, luta abertamente pelo socialismo como projeto de sociedade e como regime político a ser implantado, como a única profissão que não se define por um projeto de profissão, mas por um projeto político, estava, sem dúvida, realçando-lhe traços que configuram sua identidade. Porém, sem o saber, ou querer, roçava-lhe a auréola mística que dela faz, mais do que uma simples profissão, **uma profissão de fé**". (1995: 20, nota 5; negritos do original)

Na nota seguinte, afirmam ainda os autores:

"Seria extremamente frutuoso empreender uma análise que revelasse a matriz religiosa do pensamento (e das atividades) que, apesar de todos os esforços, ainda se faz presente na categoria. A forma, por exemplo, de apegar-se exclusivamente a autores considerados **ortodoxos** e a de banir os **heterodoxos**; a necessidade de reverenciar ou recorrentemente citar alguns personagens alçados a condutores políticos dos AS que os levarão por caminhos corretos, sem resvalos; a detecção das mais desabridas ou sutis formas de patrulhamento ou exclusão de pessoas e idéias;[16] as concessões de **áreas demarcadas** para a manifestação de uma **democracia controlada** que não ponha em risco a hegemonia; a **"profissão de fé"** que escorrega para dentro dos currículos e que carimba as universidades; a **utilização catequética**, fragmentada e reducionista de termos teóricos que perdem sua virtude conceitual, para funcionar como elementos sinalizadores de uma linguagem de reconhecimento de posições seriam, ao lado de tantos outros, tópicos importantes a serem destrinçados nessa análise." (1995: 20, nota 5; negritos do original)

Os autores afirmam que há uma *dèmarche* religiosa implícita na estruturação do pensamento e das atividades dos assistentes sociais, presente de maneiras as mais diversas. Uma das possibilidades explicativas está em que a formação cultural dos assistentes sociais lhes

---

16. O texto de Quiroga (1991) representa um importante esforço teórico, quando tenta exatamente verificar o purismo das metodologias marxistas, frente à "invasão positivista".

PEDRO SIMÕES

149

forneceu esta matriz de pensamento, uma ideologia total, no sentido mannheimiano do termo (Mannheim, 1986). Mesmo que estes assistentes sociais entrevistados tenham deixado de ser religiosos, o estudo do Dieese sugere que eles não deixaram de ter uma perspectiva religiosa de análise. Não é preciso dizer da importância deste resultado, para que se entendam as propostas de intervenção profissional, uma vez que estes assistentes sociais são os que mais influíram na profissão, ao longo dos anos 1980.

Vale também notar que, dentre os assistentes sociais entrevistados[17] pelos pesquisadores do Dieese, apenas sete fizeram parte da pesquisa de Silva. Trata-se, portanto, de um outro universo analisado. Se forem considerados todos os assistentes sociais relacionados nas duas pesquisas teremos, certamente, um conjunto expressivo de "formadores de opinião" dentro da categoria, que atuaram na profissão, a partir do início dos anos 1970, e muitos continuam ativos.

Além disso, quando os pesquisadores do Dieese tratam do que seria a "competência profissional", eles afirmam que:

> "Se observarmos, com atenção, descobriremos um traço comum oculto que perpassa todos esses atributos[18]. Na verdade, eles se assentam sobre uma base bem mais 'agressiva' que aquela que soldava as qualidades do passado: a dedicação, a compaixão, a empatia, o humanismo, a solidariedade que continuam vogando, mas como uma espécie de segunda natu-

---

17. Os entrevistados foram: Ana Elizabete Mota, Ana Maria de Vasconcelos, Anna Augusta de Almeida, Cleonice Inverso Martins, Daisy Maria B. Gonçalves, Eliane Macedo Rocha, Eugênia C. Raizer, Gleide C. Indio, Helena Bertho da Silva, Henrique Luiz Arienti, Hilda Corrêa de Oliveira, José Lucena Dantas, José Paulo Netto, Josefa B. Lopes, Lucia Maria Barros Freire, Luiza Erundina de Sousa, Magali da Silva A. Ribeiro, Márcia Pinheiro, Maria Beatriz da Costa Abramides, Maria Carmelita Yasbeck, Maria Cristina Salomão de Almeida, Maria da Penha da S. Franco, Maria de Fátima Ferreira Azevedo, Maria do Carmo Falcão, Maria Elvira Rocha de Sá, Maria Helena de Almeida Lima, Maria Helena Rauta Ramos, Maria Inês de Souza Bravo, Maria Verli Mariano Eyer de Araújo, Marilda Villela Iamamoto, Marilza da C. R. Medina, Marlise V. Silva, Myriam Veras Baptista, Regina M. Franco, Roberto S. Dias, Rosangela N. de C. Barbosa, Rose M. Souza Serra, Rozinha Barzilay, Seno Cornely, Suely Gomes da Costa e Vicente de Paula Faleiros.

18. Os autores estão aqui tratando dos atributos que os entrevistados disseram ser relevantes para que houvesse "competência profissional", a saber: no âmbito cultural, o assistente social deveria ser crítico, investigativo, propositivo, prospectivo e criativo; na área técnica, deveria ser generalista, especialista e com domínio de certas ferramentas; na política, deveria ser negociador, articulador, mediador e com senso de certos limites (Dieese, 1995: 51).

reza, de segunda pele, definitivamente incorporadas. Ao contrário, a competência multifacetada se propõe como meta a ser atingida, com provocação e desafio, ainda em fase de construção". (1995: 51)

Desta forma, percebe-se que, embora não se apresentem de maneira explícita e direta, os fundamentos religiosos das propostas realizadas pelos autores brasileiros já estão incorporados, já fazem parte, como um *a priori*, ou uma segunda pele. É este sentido oculto que parece explicar como assistentes sociais com uma formação cultural tão avessa a interpretações materialistas possam permanecer, e mesmo ratificar, as propostas realizadas por autores marxistas.

Se a importância da religião, para os autores de Serviço Social brasileiro, não redundou em um aprofundamento da temática religiosa na profissão (como ocorreu com os ingleses), de que maneira esta forma específica de incorporação da religião repercute no ensino profissional?

Para mapear estas derivações, é preciso voltar ao ano de 1979, quando houve o III CBAS. Foi nessa oportunidade que, pela primeira vez,[19] o marxismo se constituiu referência, para o conjunto da categoria profissional que estabelece um "compromisso ético-político" com a "classe trabalhadora" (Abramides e Cabral, 1995), afirmando, assim, a luta pela constituição de um "projeto ético-político profissional".

Durante as décadas de 80 e 90 do século XX, códigos de ética e reformas curriculares foram realizados, tendo em vista a constituição deste "projeto". Sua peculiaridade está em uma afirmação de valores, quais sejam: estar afinado com projetos societários transformadores (e não conservadores) que, além disso, têm em seu núcleo

"o reconhecimento da liberdade como o valor ético central — a liberdade concebida historicamente, como possibilidade de escolher entre alternativas concretas; daí um compromisso com a autonomia, a emancipação e a plena expansão dos indivíduos sociais. Conseqüentemente, o projeto profissional vincula-se a um projeto societário que propõe a construção

---

19. Antes disso, o Serviço Social brasileiro já havia registrado a influência do marxismo, seja nas experiências de Desenvolvimento de Comunidade (Ammann, 1992), seja no Método BH (Santos, 1993 e Netto, 1991). No entanto, elas não se tornaram, à época, referência nacional para o ensino de Serviço Social.

de uma nova ordem social, sem dominação e/ou exploração de classe, etnia e gênero". (Netto, 1999: 104-105)

Desta forma, os pontos centrais do "projeto ético-político" estão na afirmação dos compromissos da categoria com os "interesses da classe trabalhadora" e com a construção de uma "nova ordem social". Estes dois núcleos formam a base, tanto para as críticas às propostas conservadoras (não marxistas) feitas à profissão, quanto para propostas de intervenção, formuladas por estes teóricos. Esta referência serve de parâmetro aos estudos da profissão, desde os escritos de Carvalho e Iamamoto (1982), até os de Serra (2000), Barroco (2001), Pontes (1995), Silva e Silva (1994 e 1995) e Abreu (2002), entre outros.

Se a afirmação destes valores tinha algum sentido à época em que foram enunciados (e isso parece ser incontestável), sua permanência na profissão, orientando críticas e propostas, terminou redundando em algumas questões importantes, para o que se busca aqui demonstrar. O primeiro ponto refere-se ao fato de o "projeto profissional" ter como foco a sociedade e não a profissão. A luta por uma sociedade mais justa é um desafio posto para o conjunto da sociedade e, especialmente, aos seus grupos organizados, em que se incluem as profissões. No entanto, ao estabelecer tais objetivos para a profissão, cria-se uma tensão constante na formação profissional, visto que este é um *telos* inalcansável, exclusivamente pela categoria.

Desta forma, o que qualifica o assistente social como estando afinado com o "projeto profissional" é a sua adesão aos valores postos pela profissão. Sua competência técnica é um elemento secundário à esfera dos compromissos assumidos e defendidos pelo profissional. Isto gerou um imobilismo metodológico. Pouco foi escrito sobre *como* operacionalizar, técnica e metodologicamente, a prática da assistência. Assim também, faltaram textos que colaborassem no treinamento de alunos para a apreensão do *expertise* profissional.

Assim, por estar a formação profissional baseada em uma afirmação de valores, aqueles que se utilizam destes como justificativa e base para suas escolhas profissionais (capítulo 2) encontram ressonância na formação acadêmica. A luta por uma "sociedade justa", "por valores democráticos" e por "igualdade" pode também ser lida com uma conotação religiosa.[20] A caracterização da profissão como sendo, privilegiadamente, uma ação valórica contribui, assim, para atrair mais religiosos para a profissão.

Além disso, por não estabelecer uma metodologia interventiva, cria-se, na prática assistencial, uma lacuna para que recursos como a intuição e o senso comum, aliados a outros procedimentos, estranhos às finalidades profissionais, sejam utilizados no cotidiano de trabalho. A despreocupação com os meios operacionais, na busca de mecanismos de inclusão social e de seus reais resultados, acarretou a abertura constante de espaços, para que outras categorias (como sociólogos, terapeutas de família, psicólogos sociais, educadores sociais, economistas etc.) ocupassem os postos e funções que os assistentes sociais não se propunham ocupar ou não se mostravam qualificados para tal.

Todo o procedimento que levasse a uma maior funcionalidade das ações políticas governamentais e de racionalidade do sistema era imediatamente entendido como oriundo de uma interpretação positivista e funcionalista da sociedade, ou seja, havia uma interdição epistemológica ao aprofundamento técnico da profissão (Guerra, 1995).

Os dilemas e tensões postos por estas formulações acarretaram uma adesão de apenas 11% dos profissionais[21] que se disseram "comprometidos", em suas práticas profissionais, com a "classe trabalhadora". Uma vez diante dos limites e dilemas da prática profissional, assim como diante dos poucos recursos metodológicos fornecidos pelas universidades, os assistentes sociais tendem a, primeiro, direcionar sua intervenção para um público-alvo mais afinado com seus próprios ideais: o "ser humano" e as "pessoas". Segundo, os recursos metodológicos (técnicas interventivas) serão buscados em autores que não fazem parte do grupo de "teóricos do Serviço Social". Isto significa que, apropriando-se do que a academia pode oferecer, os assistentes sociais passam a ir, aos poucos, afinando sua intervenção, tanto às dinâmicas e exigências institucionais, quanto às suas próprias crenças ou "ao seu modo de fazer" assistência.

---

20. Assim foi a vinculação histórica de marxistas e cristãos, incluindo aí a luta antiditadura no Brasil. Os mesmos valores e ideais que eram tidos como pontos de união entre os grupos tinham conotações próprias, para cada um dos grupos.

21. Dados da pesquisa nacional com assistentes sociais durante o XCBAS (ver Introdução).

Dois outros pontos merecem ainda destaque: primeiro, estabelece-se, na prática profissional, uma constante tensão entre ética da convicção e ética da responsabilidade. Nos escritos sobre a profissão, a tensão localiza-se entre o *ser* e o *dever ser*, pois há um elemento de normatividade nas propostas profissionais, indicando apenas o que os profissionais *devem ser*.

É recorrente, na análise destes autores, a constatação de que os profissionais "da prática" têm uma intervenção pragmática e sincrética, aquém das formulações teóricas por eles produzidas. Estabelece-se, então, uma dualidade entre o *ser* e o *dever ser*. O *ser* é a expressão do erro, da contradição, da dominação, que deve ser compreendido para ser superado; já o *dever ser*, por estar baseado no marxismo e nos valores emancipatórios, que são dados por suposto, é capaz de assegurar uma intervenção ética e moralmente correta, única forma eficaz de serem eliminados os problemas sociais em suas fontes primárias.

Há, então, a concepção de que o marxismo é a única teoria social que não é conivente com o *status quo* e, por isso, torna-se a melhor referência para o entendimento da vida social. Cria-se, ainda que de forma não intencional, uma separação entre aqueles que detêm "a" verdade e os conservadores. A esfera da "revelação" se contrapõe aos esforços mundanos de entendimento do mundo social. Com efeito, o que peculiariza o conhecimento acadêmico é descartado: o seu caráter provisório e precário, em que há debates e confronto de posições, sem hierarquia de saberes, tudo isso é que o faz avançar.

Um dos textos que melhor expressa esta perspectiva é o de Guerra (1995). Considerado uma das primeiras reflexões sobre o "instrumental" interventivo da profissão e partindo de uma concepção baseada em Lukács, a autora situa todas as ações instrumentais e formas de tratamento analítico dos dados como limitadas a uma lógica formal e incapazes de "apreender o emergente". Desta forma, somente as "teorias que se referenciem nos princípios ontológicos de constituição do ser social, às quais subjaz um determinado grau de racionalidade que lhes permite apreender a totalidade dos processos sociais e atuar sobre eles" (1995: 201), são capazes de *verdadeiramente* desvendar o real. Não basta, então, a adesão ao marxismo pois, diante de suas múltiplas ramificações — sendo algumas indesejadas, como o individualismo metodológico de

Elster (1989), por exemplo —, somente aquela que se refere aos "princípios ontológicos do ser social"[22] é que, de fato, pode tratar de forma qualificada a "totalidade social".[23]

Em 1989, esta perspectiva já tinha sido explicitada, durante o III Encontro da ABESS (Associação Brasileira de Ensino em Serviço Social). Reunidos para a discussão da metodologia do Serviço Social, as propostas de Netto e Kameyama foram pioneiras na exposição de tais pressupostos teóricos. Para esta última, não basta que o assistente social se aproprie da teoria marxiana, é preciso também que os alunos apropriem-se do método de investigação, já que ele é também um método de intervenção. Desta forma, "na medida em que a teoria for bem dada, ter-se-á, naturalmente, a materialização dessa teoria na prática, o que resolve o problema da instrumentalização, da operacionalização da prática, da intervenção" (Kameyama, apud Abess, 1989: 104).

Duas questões parecem ser minimizadas pelos teóricos do Serviço Social: primeiro, dado o caráter interventivo da profissão, a apreensão *instrumental* da teoria é quase uma exigência da prática. Quando se está diante dos "dilemas práticos" nem sempre é possível (e, na maioria das vezes, não o é) realizar reflexões teóricas sobre o problema apresentado. Segundo, toda teorização exige um distanciamento na relação sujeito-objeto que é problemático para os profissionais da prática. Assim, sem recusar seu passado religioso e suas crenças, os profissionais inseridos na prática profissional se apropriaram de algumas categorias do marxismo, "tornaram-se" marxistas, mais no discurso do que efetivamente, e continuaram partilhando suas crenças religiosas.

Com esta forma peculiar de interpretar o marxismo e de incorporá-lo à prática da assistência que, por princípio, é integradora, os autores do Serviço Social conseguiram, mesmo com um discurso que tem su-

---

22. As concepções expressas por Coutinho (1972) em *O Estruturalismo e a miséria da razão*, realizando uma diferença entre as "Ciências Sociais particulares", ou seja, sociologia, antropologia, história, ciência política, constituindo campos de saberes separados, e o marxismo, repercutiram na profissão e tornaram-se um "saber incorporado", deixando de ser ponto de discussão pelos autores do Serviço Social identificados com o marxismo.

23. A única exceção aceita à abordagem lukacsiana é a incorporação de Gramsci no Serviço Social (ver Simionatto, 1995). Segundo Netto (1989), depois ratificado por Quiroga (1991), somente o marxismo que incorpore o método crítico-dialético, a teoria do valor-trabalho e a perspectiva da revolução tem real valor explicativo.

postos anti-religiosos, criar uma identidade valórica com o passado religioso de estudantes e profissionais. Esta aparente contradição só é possível de ser entendida, quando se observa que a forma de se apropriar do marxismo e de incorporá-lo à prática é uma forma com uma forte conotação religiosa.

* * *

Os dados deste capítulo mostram que, a despeito da secularização da profissão, a religião permanece como um elemento relevante para profissionais da prática e da academia, embora com conotações absolutamente distintas, neste âmbito, entre os países. Para os "da prática", tanto entre brasileiros, como entre ingleses, a religião permanece como uma referência na vida dos profissionais. A formação profissional não afeta diretamente o pertencimento e os credos religiosos da maioria dos assistentes sociais aí localizados. Além disso, eles encontram terrenos férteis para estabelecerem vínculos entre suas convicções e crenças e a prática profissional.

De um lado, a assistência social permanece, na Inglaterra e no Brasil, como um tipo de atuação que demanda um conhecimento pouco específico e continua assemelhando-se, seja na forma, seja no conteúdo, a formas de trabalho não profissionais. Além disso, é ainda uma atuação com forte apelo valórico, permitindo que valores religiosos sejam identificados como similares ou idênticos aos profissionais.

De outro lado, na Inglaterra, há autores que, embora minoritários no debate, são religiosos, identificam a religião como uma "necessidade humana" e buscam instrumentalizar a prática daqueles que são também religiosos e que vinculam suas crenças à prática assistencial. A existência desta literatura respalda, então, os profissionais a se utilizarem de suas bagagens culturais de fundo religioso, na prática profissional.

No Brasil, a ausência de uma literatura similar à internacional não afeta a manutenção de vínculos religiosos com a profissão. A base normativa e a incapacidade de proposição técnica e metodológica, que caracterizam a bibliografia brasileira, abrem espaço suficiente para que existam nexos de sentido entre o *dever ser* profissional e a normatização religiosa dos profissionais. Isto se dá mesmo com o tema da religião ausente do debate.

Percebe-se, então, que a formação profissional fornece aos alunos, em ambos os países, um conjunto de informações e de insumos teóricos que serão instrumentalizados na prática profissional. Esta forma de apreensão do conhecimento, necessária aos requisitos para a constituição de uma intervenção profissional, não afeta a base valórica e as crenças dos assistentes sociais, assim como não afeta, substantivamente, o sentido atribuído ao exercício da profissão.

No próximo capítulo, será visto como assistentes sociais brasileiros e ingleses instrumentalizam suas práticas, a partir de valores e concepções religiosos. Além das motivações e expectativas, em relação à prática, toda a intervenção profissional é perpassada por elementos religiosos. Como a literatura internacional tratou do tema da religião nos últimos anos, serão apresentados os argumentos que respaldam e justificam esta forma de relação.

Capítulo 6

Religião na prática do Serviço Social

> Qual a diferença se um assistente social é mais ou menos religioso ou não é religioso? Não são as crenças religiosas das pessoas um problema pessoal? A resposta a estas perguntas depende se as crenças religiosas influenciam a prática profissional dos assistentes sociais.
>
> (Loewenberg)

Torna-se cada vez mais claro que a associação de sentido entre religião e a prática dos assistentes sociais é parte constitutiva do Serviço Social. Os profissionais são religiosos, os alunos de Serviço Social se distinguem dos demais por características religiosas, ambos associam seu passado religioso à prática assistencial e a literatura nacional e internacional, cada uma a seu modo, reforça estes vínculos. É preciso saber, então, como a associação, realizada pelos profissionais, termina aparecendo na própria prática profissional, inglesa e brasileira, ou seja, *como valores e concepções religiosos são instrumentalizados na prática dos assistentes sociais*.

Duas pesquisas, uma realizada no Brasil e outra na Inglaterra, já traziam algumas indicações de que a prática profissional estava permeada de elementos religiosos. Ao estudar os assistentes sociais da área de saúde que atuam no município do Rio de Janeiro, Vasconcelos (1999) já havia identificado que "84,6% dos profissionais [em um universo de 74] professam uma fé religiosa", e que esta religiosidade torna-se importante visto que, "em vários momentos, os profissionais tomam como referência os valores religiosos, não só nas suas análises e avaliações, mas no encaminhamento das ações com os usuários" (1999: 270). A autora, após fazer estas constatações, não oferece exemplos de como, de fato, os valores religiosos são mobilizados para a prática.

Na Inglaterra, segundo a pesquisa de Furman, Benson, Grimwood e Canda (2002), os assistentes sociais ingleses disseram ser apropriado trazer para a discussão assuntos de religião, principalmente, com pacientes terminais (66%), com aqueles que vivenciaram recentemente falecimento de familiares (67%) e com pais adotivos (73%). Uma forma alternativa de tratar temas religiosos, de forma não-confessional, é utilizar a concepção de espiritualidade. As ocasiões mais apropriadas continuam as mesmas anteriormente apontadas, apresentando pequenas variações percentuais (pacientes terminais 76%; falecimento de familiares 74%, pais adotivos 68%), sendo acrescentado a estes três casos aqueles que sofreram desastres naturais ou catástofres (55%).

O estudo dos pesquisadores ingleses mostra também que os assistentes sociais vêm utilizando, em suas práticas assistenciais, diversos dispositivos relacionados à religião e à espiritualidade. Veja-se a Tabela 16, a seguir, com os onze itens (de dezessete) mais utilizados.

O que a tabela 16 mostra é que, para que muitas das atividades sejam realizadas, é preciso que os assistentes sociais tenham, no mínimo, uma concepção positiva da religião. Outras atividades supõem que os profissionais sejam religiosos, uma vez que os limites entre saber teológico e "científico" são pouco claros. Mais importante que estas duas considerações é identificar que a prática profissional abre espaço e é permeada por questões que levam os assistentes sociais a tratar de temas religiosos e "espirituais" e a considerá-los apropriados para o tipo de intervenção por eles realizada.

O fato é que 76% dos assistentes sociais ingleses consideram a espiritualidade um aspecto fundamental do ser humano. Portanto, nas intervenções pessoalizadas com seus clientes e usuários, o aspecto espiritual e religioso torna-se relevante. Outro importante dado pesquisado foi verificar que 45% dos profissionais não viam nenhum conflito entre a integração da espiritualidade e da religião no Serviço Social e o Código de Ética profissional.

Tabela 16
Atividades de ajuda espiritualmente orientadas — Inglaterra

Atividades	Tem pessoalmente realizado com clientes	Considera uma atividade apropriada
Ajudar os clientes a considerarem as maneiras como seus sistemas de suporte religiosos/espirituais podem ser úteis	75%	83%
Discutir o papel de crenças espirituais ou religiosas em relação a outro significante	58%	71%
Usar conceitos ou linguagem espiritual não-sectários	58%	64%
Ajudar os clientes a refletirem nas suas crenças sobre o que ocorre após a morte	57%	71%
Orar privadamente pelo seu cliente	45%	46%
Ajudar os clientes a considerarem as maneiras como seus sistemas de suporte religiosos/espirituais podem ser danosos	44%	66%
Ajudar clientes a desenvolver rituais religiosos/espirituais como uma intervenção clínica (i.e., ir a casas de bênçãos, visitar túmulos de parentes etc.)	43%	59%
Ajudar os clientes a considerar o significado espiritual e o propósito de suas situações de vida	42%	58%
Recomendar participação em atividades ou sistemas de suporte religiosos ou espirituais	41%	50%
Usar linguagem ou conceitos religiosos	40%	46%
Assistir clientes na reflexão crítica sobre práticas ou crenças espirituais ou religiosas	39%	55%

Vale enfatizar que o interesse deste estudo não é afirmar que a religião dá sentido a todas as intervenções profissionais e que, para todos os assistentes sociais, ela é importante. No entanto, é preciso reconhecer que, nas entrevistas realizadas, a maior parte dos profissionais brasileiros e ingleses ratificou a importância da religião para a prática profissional, afirmando, explicitamente, haver algum tipo de relação entre religião e profissão.

Os casos que aparecem, para cada um dos entrevistados, como particulares, em verdade, têm fundamentos sociais que não estão, para eles, explícitos. O que parecia ser pessoal, em verdade, é social. Por isso, é possível encontrar quem afirme: ser religioso "não é imprescindível" para ser assistente social, no entanto, *é uma opção pessoal e que tudo (religião e profissão) se encaixa com meu jeito de ser"* (AS, 1977), ou então: *"Eu posso falar por mim mesmo, mas não posso falar pelos outros"* (SW, 1976).

A análise a seguir apresenta as respostas em que se estabeleceram vínculos positivos[1] entre valores e concepções religiosos e a prática dos assistentes sociais. Na categorização a seguir, estão contidas as respostas dadas a duas perguntas: a primeira visava saber da importância da formação religiosa do assistente social para sua prática profissional, e a segunda, se a experiência de participação em instituições religiosas tinha sido também relevante para a prática assistencial. Foi a partir destas perguntas que se pôde identificar em que pontos a prática profissional era suscetível de incorporar valores e crenças religiosos.

No conjunto de respostas dos profissionais brasileiros e ingleses, houve uma complementaridade de vínculos religiosos atribuídos à prática profissional. Algumas formas de relação estabelecidas afetam, de maneira mais imediata, a prática profissional. Outras mostram apenas que os assistentes sociais, brasileiros e ingleses, realmente vivenciam os princípios religiosos por eles abraçados.

A seguir, o capítulo será dividido em três partes: na primeira, serão mostradas três áreas de vínculos entre religião e prática assistencial, que só apareceram entre profissionais ingleses ou brasileiros; na segunda,

---

1. As respostas em que foram estabelecidos vínculos "negativos" ou críticas foram apresentadas no capítulo 5.

serão mostrados formas de instrumentalização realizadas por profissionais ingleses e brasileiros; finalmente, serão mostradas as críticas à relação entre religião e profissão, e as tentativas de incorporar o tema da religião no ensino curricular da assistência social. Em todas estas partes, junto com cada citação dos profissionais, serão adicionadas referências de como a bibliografia internacional aborda tais temas.

6.1 Só no Brasil/Só na Inglaterra

No Brasil, os assistentes sociais estabeleceram duas ligações entre suas práticas profissionais e a religião que não foram encontradas na entrevista com os ingleses. Por exemplo, quando os assistentes sociais brasileiros afirmam que a religião, mais do que estar vinculada, de maneira exclusiva e imediata, com a prática profissional, faz parte e dá *sentido e uma direção às suas vidas*, além de ser formadora de caráter (AS, 1979; AS, 1983; AS, 1980 e AS, 1985).[2]

> "Eu acho que isso [a formação religiosa] ajudou na minha vida inteira. Eu acreditei, eu fui, eu fiz, eu acho que eu cheguei em algum lugar, eu acho que eu faço um trabalho muito legal. Então eu acho que a minha base, tanto familiar, quanto religiosa, tudo isso foi uma base muito forte na minha vida inteira." (AS, 1983)

Os assistentes sociais brasileiros expressaram, também, que a religião deveria ser um elemento importante na vida de todos os profissionais, uma vez que ela tornava as pessoas melhores e, por isso, os profissionais também melhores. Este tipo de relato registra o reconhecimento dos aspectos positivos da religião na vida dos profissionais (AS, 1985; AS, 1982; AS, 1982; AS, 1982 e AS, 2000).

> "Eu acho importante que o profissional tenha um segmento religioso ou que tenha uma visão dentro de um segmento religioso. Eu acho isso importante. Eu acho que isso dá um equilíbrio para as pessoas. Mas não

---

2. Na pesquisa nacional realizada, praticamente 35% dos assistentes sociais disseram que a religião era o principal parâmetro de conduta para as suas vidas.

que eu tenha que ser católica ou espírita. Você tem que ter um caminho, uma perspectiva." (AS, 1982)

Os dois pontos que foram tratados pelos ingleses, e que não apareceram entre os assistentes sociais brasileiros, foram a afirmação de que a identidade religiosa entre as crenças do assistente social e da clientela favorecia o atendimento (SW, 1992), e da necessidade de respeitar a religião dos usuários (SW, 1977 e SW, 1989). Pela similaridade de sentido, estes pontos podem ser tratados conjuntamente.

"Eu entendo minha própria religião, especialmente lidando com pessoas idosas que são ortodoxas. Quando eles fazem demandas eu entendo o porquê. Ensinar outras pessoas sobre por que eles estão pedindo por certas coisas. Eu posso fazer as outras pessoas entenderem. Os asiáticos querem tomar banho, eles gostam de estarem limpos antes de suas orações. Agora eles entendem o porquê." (SW, 1992)

A assistente social inglesa entrevistada era, ela própria, uma religiosa ortodoxa e trabalhava com migrantes, também ortodoxos. Para ela, respeitar o hábito de se banhar antes da primeira oração matinal não era apenas um capricho, mas uma necessidade de preservação da identidade e dos valores culturais da população atendida. Menosprezar tal exigência poderia ser entendido como uma atitude anti-ética.

O mesmo argumento é utilizado, quando há uma clara diferença cultural — étnica/religiosa — entre o assistente social e o usuário. Isto ocorre, tanto quando se trabalha em um país em que tais traços são claros, como quando a clientela é composta por migrantes e exilados. É exatamente porque budismo, confucionismo, hinduísmo, islamismo e as seitas fundamentalistas têm visões de mundo e valores tão distintos da ética protestante, dos preceitos liberais ou do caritativismo católico que se torna possível perceber como a prática profissional está impregnada de referenciais valóricos tipicamente ocidentais. Configura-se, então, uma clara tensão na prática assistencial, que pode chegar a ser interpretada como intolerante e etnocêntrica.

Assim, Delgado (1977), Canda (1983), Meystedt (1984), Ramirez (1985), Chu e Carew (1990), Haynes et al. (1997) e Al-Krenawi e Graham (2000) chamam atenção para a forma como os assistentes sociais ingle-

PEDRO SIMÕES

163

ses e norte-americanos, lidam com populações como os porto-riquenhos e hispânicos, as populações "rurais" que têm uma mentalidade religiosa do mundo, os grupos xamânicos, os chineses pertencentes ao confucionismo, os grupos muçulmanos fundamentalistas e as populações islâmicas.

Todos estes textos reforçam pontos comuns: a necessidade de compreender a visão de mundo da clientela; de os assistentes sociais abrirem-se para abordagens criativas e inovadoras, incorporando elementos culturais dos grupos atendidos; do respeito aos costumes e valores culturais, não querendo impor os valores pessoais do profissional ou os valores "da profissão". Sem estes cuidados há uma grande possibilidade, indicada pelos autores, de que o profissional perca prestígio entre os grupos por ele atendidos, não conseguindo, assim, realizar sua prática.

Estas propostas, com um sentido claramente antropológico e culturalista, podem parecer distantes da realidade brasileira. Se, no entanto, for lembrado que aqui também são encontrados grupos étnicos-religiosos claramente definidos, como os evangélicos-pentecostais ou os afro-descendentes, estas observações podem ser transpostas sem maiores dificuldades. As recomendações dos autores referem-se, sobretudo, à diversidade que se verifica sempre que profissional e usuário partilham diferentes valores e crenças. Desta forma, as observações acima não se restringem a choques entre valores religiosos, mas incluem os existentes entre religiosos e não religiosos.[3]

As diferenças aqui apontadas entre ingleses e brasileiros devem ser entendidas como complementares. Elas fazem parte de um conjunto de vínculos e nexos de sentido possíveis entre religião e a prática dos assistentes sociais. A seguir, serão mostrados todos os pontos de ligação, comuns entre ingleses e brasileiros, para além das *motivações* e da concepção de *ajuda social*.

---

3. "É importante reconhecer que o crucial não é caracterizar todos os assistentes sociais como religiosos ou não religiosos, mas como lidar com os dilemas que podem ocorrer quando um assistente social não religioso está em contato com um cliente religiosamente orientado ou quando ocorre o contrário" (Loewenberg, 1988: 22). E ainda: "Enquanto a diversidade de religiões e a hipocrisia do dogma justificam a posição 'secular', excluir a religião hoje é ser igualmente dogmático" (Patel, Naik e Humphries, 1998: 48).

6.2 A religião na prática dos assistentes sociais

6.2.1 Complementaridade entre trabalho religioso/voluntário e profissional

> "E essa coisa da participação nas ações sociais da Igreja. Então eu acho que é uma coisa que preenche, preenche o outro lado. Profissionalmente eu não sou assistencial, eu não faço caridade nem dou o meu tempo livre. Eu vendo a minha força de trabalho. E lá eu faço porque... eu não estou vendendo a minha força de trabalho. Estou fazendo porque é pelo outro, mais uma coisa de doação. A religião foi importante na formação do meu caráter..." (AS, 1977)

> "O trabalho voluntário é o lugar onde os dois se encontram [o trabalho voluntário e o Serviço Social]. Eu estou fazendo isso tanto por amor quanto sendo pago, é aí que os dois fazem sentido." (SW, 1995)

Um ponto importante que não afeta diretamente a prática profissional é a *complementaridade estabelecida entre o trabalho voluntário/religioso e o profissional*. O que vem sendo dito até aqui (ver capítulos 1 e 2) é que a identidade de sentido entre um e outro colaboram, ainda que indiretamente, para que a prática profissional tenha uma conotação religiosa. As afirmações acima destacadas mostram que o que realmente difere de um e outro é o assalariamento, ou seja, estar imerso em relações de trabalho propriamente ditas, e não a atividade em si que é desenvolvida (AS, 1977 e SW, 1995).

Houve também o reconhecimento, por parte dos ingleses, de que se constituísse uma *rede assistencial*, em que serviços profissionais e voluntários, laicos e religiosos, atuassem conjuntamente (SW, 1994).

> "Eu acredito que eles necessitem trabalhar juntos. Há ainda muitos trabalhos nas Igrejas e nas religiões que são paralelos com o Serviço Social." (SW, 1994)

A percepção da possibilidade de complementaridade entre trabalho profissional e voluntário/religioso é um dos fatores que permitem a imputação, pelos profissionais da assistência, de sentido religioso para a prática assistencial. Assim, as crenças religiosas dos assistentes sociais deixam de estar restritas à esfera privada e terminam por influenciar a ação desenvolvida.

Este ponto de conexão entre a religião e o Serviço Social é de vital importância, para a manutenção dos vínculos de continuidade da religião, na profissão. Como foi dito no capítulo 1, esta complementaridade permite que haja uma falta de clareza do que é exclusivamente esfera do voluntariado, do que é a ação profissional. Esta ausência de fronteiras demarcadas, que se dá na própria definição do trabalho dentro das agências implementadoras, é um campo fértil para que valores e concepções, de ambos os lados, conversem e dialoguem em "pé de igualdade".

Mesmo já tendo sido analisado anteriormente e sem ser uma forma de presença direta na prática profissional, este ponto foi aqui comentado, pois aparece como relevante nas entrevistas dos assistentes sociais. Estudos realizados sobre esta ausência de fronteiras mostram o quão problemática é a falta de clareza entre ação assistencial voluntária e profissional.

Linzer (1979), por exemplo, tenta orientar assistentes sociais profissionais, segundo a filosofia judaica; Gatza (1979) enfoca a oração, segundo os preceitos católicos, como recurso metodológico para as "profissões da ajuda"; Meystedt (1984), Canda (1988a), Canda e Phaobtong (1992), Amato von-Hemert (1994) e Hook, Hugen e Aguilar (2001) enfocam a necessidade de cooperação entre as agências religiosas e seculares no suporte a grupos de pessoas em necessidade, principalmente quando os assistentes sociais se sentirem desconfortáveis no uso de práticas religiosas e espirituais demandadas pelos usuários (Patel, Naik e Humphries, 1998); finalmente, Bowpitt (2000) mostra que, com a privatização dos "serviços sociais" ("*social care services*"), as instituições privadas, incluindo as igrejas e as organizações cristãs, passaram a fazer parte destas atividades, atuando conjuntamente com outras não religiosas.

6.2.2 A fé do profissional como recurso para a prática

> "[O Serviço Social é] o meio de expressar a minha fé."
> (SW, 1964)

A utilização da *fé* dos profissionais para lidar com os problemas da prática foi uma outra maneira de os assistentes sociais relacionarem sua religiosidade com a prática assistencial por eles desenvolvida. A fé tem sido um elemento central nas atividades dos assistentes sociais, uma vez que, para os brasileiros: é a base para o compromisso profissional com o "outro", com o "ser humano", com o "cidadão" (AS, 1979); é base e requisito para um bom atendimento (AS, 1982); colabora para o resultado do tratamento empregado (AS, 1980).

> "Porque eu acho que você tem, trabalhando num hospital hoje, você tem que ter muita... Crer muito naquilo que você faz, naquilo que você passa, naquilo que você coloca para as pessoas... Aquela formação... Colocar que a fé está acima de qualquer coisa, embora o clínico dela seja agravante, ou seja ele qual for, mas que nunca deixe a sua fé ficar estremecida, num momento como esse, em que ele veio parar num hospital desse, e que a fé... crer em Deus, ter pensamento positivo. Isso ajuda, isso colabora muito com o tratamento propriamente dito. A fé em Deus. Porque a gente tem pacientes que acham que Deus não existe, e que estão aqui porque aconteceu.... Embora a gente encontre, graças a Deus, 98% das pessoas sempre com alguma crença. Eu acho que isso fortalece, isso ajuda bastante." (AS, 1980)

Para os assistentes sociais ingleses, além da *fé*, a *crença em Deus* e *crenças espiritualistas* são importantes para dar suporte ao trabalho profissional (SW, 1960's; SW, 1971 e SW, 2002) e para fazer as pessoas atingirem seu potencial.

> "Eu acredito em um Deus que cuida e ama, mas Ele é dependente das pessoas que Nele acreditam para agir assim. É bom para mim tentar e me comportar e agir de um modo que capacite as pessoas. Não estou dizendo para se acreditar em Deus, mas para atingir todo o seu potencial que, eu acredito, Deus muito deseja para a humanidade. Encontrar seu próprio potencial e sua própria felicidade." (SW, 1971)

De tudo o que já foi mostrado até aqui, grande parte da discussão realizada supõe que o próprio profissional detenha alguma fé. Considerar a religião como uma necessidade humana é diferente de considerá-la como um fenômeno social. É nesta última abordagem que autores da sociologia das profissões consideram a religião, enquanto aqueles que são adeptos das religiões se associam à primeira interpretação.

Este ponto é ainda importante porque evidencia que a prática profissional não é imune à fé de seus profissionais. Além disso, a presença da fé qualifica o conteúdo da intervenção desenvolvida por meio tanto do empenho que se tenha para exercê-la, quanto da expectativa que se tenha com seus resultados.

A literatura internacional tenta refletir sobre esta questão, enfatizando-a e buscando qualificá-la ainda mais, como os trabalhos de Gatza (1979), de Constable (1983), que afirma a sentir a "presença de Deus constantemente em meu trabalho", e de Hugen (1998), que chega a dizer que "todos pertencemos, corpo e alma, na vida e na morte, ao nosso Senhor Jesus Cristo" (1998: 5).

Já Philpot (1986) fala de uma fé que fica implícita no trabalho profissional, orientando-o, mas que não chega a ser compartilhada, nem mesmo com os colegas de trabalho. Esta parece estar mais próxima do que foi trazido nas entrevistas. Por último, Holland (1989) mostra como o trabalho assistencial é permeado por elementos de fé, seja ela secular ou religiosa.

Todos os autores ratificam a análise realizada a partir das entrevistas: para muitos assistentes sociais, a fé religiosa que eles detêm não é um elemento estranho à prática assistencial, nem tampouco vivido, exclusivamente, em âmbito privado: ela contribui com o sentido e com o conteúdo próprio da ação assistencial desenvolvida.

6.2.3. Valores religiosos e assistenciais

"Eu acredito que a base do cristianismo, em um sentido amplo, 'fazer aos outros...', é, em alguma medida, a base para se entrar no Serviço Social." (SW, 1992)

Não só a idéia da ajuda é comum entre a religião e o Serviço Social, mas também alguns *valores religiosos* são igualmente relevantes, para a sustentação da prática assistencial. Apesar de todo o esforço realizado pela categoria, ao estabelecer Códigos de Ética, com valores não-sectários e laicos, os valores religiosos são relevantes na medida em que eles servem de parâmetro, definindo a ética da relação com o cliente ou usuário dos serviços sociais. Eles ainda são entendidos, pelos entrevistados, como relevantes, para que o assistente social se torne uma pessoa solidária (AS, 1980; AS, 1982; AS, 1985; AS, 2000; SW, 1975; SW, 1976; SW, 1984; SW, 1992; SW, 1994; e SW, s.d.):

> "A religião contribui muito por causa dos valores. A gente trabalha muito com valores humanos, valores universais. Se você não acredita, como é que você vai passar? Então você precisa de um referencial. Eu acredito que você precise. Se você não tem, como é que você vai passar?" (AS, 1982)
>
> "O sistema de valores e crenças está influenciando minha forma de pensar, minha percepção e minha prática como assistente social, no modo como eu abordo as coisas. Ajudando e apoiando. Bom samaritano. Este tipo de histórias tem me influenciado também." (SW, s.d.)

Os valores parecem ser o centro das vinculações entre o Serviço Social e a religião. Associado à reflexão de como estes valores influenciam a prática profissional está o discurso da imparcialidade e da não-imposição das crenças do profissional sobre o usuário dos serviços sociais. Embora estes dois aspectos estejam conectados, eles serão aqui tratados separadamente, apenas para fins expositivos.

Assim, quando os entrevistados trataram de *ajuda ao próximo, caridade, compaixão, justiça social, cuidado social, respeito, não-julgamento*, entre outros, eles afirmavam que tais valores eram relevantes para a intervenção assistencial e, ao mesmo tempo, referiam-se à sua fundamentação religiosa. Esta identidade é que autoriza e fundamenta a relação estabelecida.

O tema dos valores é, sem dúvida, o mais recorrente na literatura que trata da relação entre religião e Serviço Social (Spencer, 1956; Keith-Lucas, 1960; Liyanage, 1974; Linzer, 1979; Constable, 1983; Siporin, 1986; Philpot, 1986; Canda, 1988 e 1988a; Loewenberg, 1988; Holland, 1989; Midgley e Sanzenbach, 1989; Bowpitt, 1989 e 1998; Cree, 1996; Carrol, 1997; Canda, 1998; Hugen, 1998; Canda e Furman, 1999; Rice, 2002; Friedman, 2002; e Moss, 2002). Todos os trabalhos são recorrentes no mesmo ponto: valores relevantes ao exercício profissional guardam estreita similaridade e, no limite, são os mesmos que aqueles expressos pelas religiões.

O trabalho de Canda e Furman (1999) é o único que se diferencia dos demais. Os autores propõem um entendimento religioso dos valores profissionais expressos no Código de Ética norte-americano. Valores como "dignidade e valor da pessoa", "justiça social", "importância da relação humana", "integridade", "competência" ganham, para eles, uma conotação religiosa/espiritualista.

A identificação dos valores religiosos e a prática assistencial revela que esta última se peculiariza menos pela afirmação de técnicas e arranjos burocráticos eficientes, ou seja, pela racionalização de sua ação, e mais pela afirmação de seus valores. Desta forma, como o assistente social não atua em profundidade nas ações "psi" — pois estas são tarefas em que psicólogos, psiquiatras e psicanalistas têm maior qualificação — e como não é capaz também de resolver as questões macrossociais, sua atuação termina por se situar em um "meio-termo", em que não é sua eficiência que está em questão, mas sua capacidade de tornar mais humanitária parte do sistema de proteção social. Isto é realizado através da afirmação de valores. Em lugar de uma ética da responsabilidade, o que se encontra é uma ética da convicção.

A identificação privada de tais valores com a profissão não é, em nenhuma instância, um problema. O importante é saber como lidar com estes valores, sem tornar as práticas profissionais proselitistas, embora fugindo do mito das intervenções axiologicamente neutras. É isto que se verá no próximo item.

6.2.4 Busca da imparcialidade

> "Os seus valores, por mais impessoal que você tenha que ser, que você não queira se envolver, eu acho que isso é um peso muito grande que você coloca para o outro."
> (AS, 1985)

Há, no entanto, um receio de que as crenças individuais interfiram na prática. Por isso, busca-se evitar qualquer ação que possa ser caracterizada como proselitismo religioso. A prática assistencial é, então, permeada por uma tensão: a importância da fé e dos valores religiosos dos profissionais para o próprio desenvolvimento da atividade assistencial, de um lado; a busca de imparcialidade, de outro. Esta preocupação mostra um senso de profissionalismo, embora o significado do "ser profissional" esteja baseado na concepção de uma prática axiologicamente neutra. Busca-se separar o "assistente social" do indivíduo, que tem suas crenças, seus valores e sua fé. Em alguns casos, os profissionais reconheceram que esta separação era difícil de ser estabelecida. No entanto, *a imparcialidade* da ação interventiva é a meta dos profissionais (AS, 2000; AS, 1995; AS, 1985; SW, 1960; SW, 1971; SW, 1984; SW, 1993; SW, 1979; SW, 1994; SW, 1995; e SW, 2002).

Em relação à tentativa de manter a imparcialidade, foi dito:

"Eu não falo para as pessoas que eu atendo qual é a minha religião. Eu não falo de Deus para as pessoas que eu atendo, para mim isso está separado, completamente. Por isso que eu disse que eu aprendi a lidar. Eu acho que você não tem que falar da sua opção ou que tenha que pregar o que você acredita em qualquer lugar. Aqui eu sou X assistente social." (AS, 2000)

"Para falar a verdade eu não ponho minha religião no Serviço Social. Eu converso com os clientes e lido com o que vem deles. Meus clientes não sabem de mim, eles sabem que eu sou assistente social, eles não sabem que eu sou cristão, a menos que eles me perguntem. Porque eu não vou forçá-los a isso. Eu não trabalho nesta premissa. Eu sou cristão e isso é um problema meu. Eu trabalho com eles através dos procedimentos e normas da instituição. Eles não precisam saber que eu não quero impor minhas crenças a ninguém." (SW, 1993)

Em relação à dificuldade de separação entre o profissional e o indivíduo:

"Está intimamente ligado. Porque eu acho que você não pode esperar, você profissional e eu, X, assistente social, e eu, X, pessoa, cidadã. Você coloca muito isso no que você faz." (AS, 1985)

"Eu começo o meu trabalho com nada, mas apenas comigo. Eu sou a única ferramenta que eu tenho. Eu trabalho com clientes que são dependentes de mim. Parte disto sou eu como uma pessoa religiosa, reconhecendo a qualidade e diferença nas pessoas e avaliando e respeitando as outras pessoas como seres humanos. Eu não imporia minhas crenças para os outros e eu respeito isso." (SW, 1984).

Como é que um trabalhador social se portaria diante de uma jovem de 14 anos que deseje praticar um aborto? Deve-se respeitar a opinião e o desejo dela, seguindo o princípio da autodeterminação? Deve-se considerar que ela não é suficientemente madura para tomar tal decisão, levando-se em consideração a obrigação ética de proteger o interesse da jovem e de seu filho?

Em um outro caso, a mulher não consegue conciliar sua vida profissional, seu *status* na sociedade com sua vida privada, em virtude da posição de subordinação que as mulheres têm, em certas religiões. Quais os valores a defender? Como atender a esta mulher, sem impor a ela valores igualitários e considerando suas crenças?

A questão dos valores e da imparcialidade do profissional em sua atuação envolve um conjunto de questões que podem ser assim sumarizadas: primeiro, está no reconhecimento de que os valores são parte integrante e constitutiva das decisões práticas a serem tomadas pelos profissionais (Loewenberg, 1988). Isto não significa a exclusividade dos valores religiosos, mas os inclui necessariamente. Segundo, é preciso reconhecer também que os valores se expressam na prática profissional, na maioria das vezes, de forma independente da consciência que se tenha deles.[4] Por isso, é preciso criar mecanismos de autocontrole, que evitem a imposição de valores. Então, um primeiro passo neste sentido é a necessidade de o profissional ter clareza sobre quais são os seus próprios valores (*self-awareness*), e de que não deve exercer um julgamento sobre a visão de mundo e os valores do usuário dos serviços sociais.

Segundo autores como Liyanage (1974), Meystedt (1984) e Canda e Furman (1999), por meio da autoconsciência se evitaria que preconceitos, valores e crenças dos profissionais fossem impostos aos usuários de assistência. Quando os assistentes sociais dizem que eles excluem os valores (oriundos de sua inserção religiosa, de sua origem social, de sua etnicidade etc.) de sua prática profissional, eles tendem a ignorar o impacto dos seus próprios valores nas suas práticas, sem realmente distinguir o efeito de tais valores.

---

4. "Embora os assistentes sociais digam que não impõem seus valores a seus clientes, a fala do Serviço Social é cheia de afirmações normativas e prescritivas e de julgamentos morais que buscam guiar os clientes nas suas escolhas de um comportamento correto nas suas decisões que eles fazem para resolver seus problemas. No entanto, o quanto os assistentes sociais impõem suas próprias visões para os clientes, isto não é claro" (Ejaz, 1991: 128).

Além disso, reforça-se, metodologicamente, a necessidade de se ter uma intervenção, em que se respeite a autodeterminação dos sujeitos envolvidos (*self-determination*) e que parta do ponto em que o usuário se situa (*self-centredness ou client centredness*). Este é um ponto defendido por Loewenberg (1988), Banks (1995), além de Canda e Furman (1999) e Bowpitt (2000).

Patel, Naik e Humphries (1998) são os autores que melhor desenvolvem a abordagem centrada no cliente, dentro das indicações que aqui se está seguindo. Os autores são os responsáveis pelo livro *Visions of reality* (Visões da realidade), editado pelo CCETSW (Central Council for Education and Training in Social Work, Inglaterra). O livro foi o primeiro escrito, na Inglaterra, por um órgão de gerência da profissão, para instrumentalizar os profissionais neste tema. Para os autores:

> "A orientação centrada no cliente do assistente social o permite aplicar técnicas baseadas em ensinos religiosos. O objetivo e preferência do usuário deve ser a preocupação primeira do assistente social quando ele estiver utilizando seu entendimento de religião". (Patel, Naik e Humphries, 1998: 12)

Desta forma, não importa quais sejam as crenças do técnico. Na busca de uma prática que seja, de fato, eficiente e que respeite o usuário, é preciso entender quais são as suas crenças e atuar por meio delas. Assim, acredita-se que seja possível, para o técnico, não impor seu ponto de vista durante a atuação. Além disso, se houver algum tipo de constrangimento do profissional, em atuar de acordo com esta perspectiva, ele pode encaminhar o usuário para outro técnico que atue seguindo esta orientação metodológica.

Esta abordagem, no entanto, recoloca a tensão expressa no item anterior. Ao adotar tal metodologia, pode-se, por exemplo, fazer um uso utilitário das crenças e valores expostos pela clientela, para que se chegue a fins estabelecidos pelo assistente social em seu tratamento. Esta forma de utilizar a metodologia pode ser vista como desrespeitosa com as crenças e valores da clientela.

Por outro lado, é possível que haja dificuldades e resistência, por parte dos assistentes sociais, em adotar tal metodologia, visto que o universo de crenças e valores da clientela pode ser por demais estranho ao dos profissionais, chegando à possibilidade de se confrontar com ele. No entanto, a sintonia entre as crenças e valores dos profissionais e as da clientela não é um requisito que possa ser dado como um *a priori* na intervenção assistencial. Assim, a tensão expressa no item anterior é retomada: uma tensão entre os valores e crenças dos profissionais e os valores e crenças da clientela.

Em muitos casos, a religião não é apenas a chave para um diagnóstico apropriado do problema, mas também um recurso essencial, para ajudar os clientes a resolverem seus problemas. Ela pode ser um elemento de força e estímulo, para aqueles clientes/usuários que são religiosos. Além disso, incluindo elementos espiritualistas e religiosos no tratamento, o assistente social pode ajudá-los a reconstruir suas vidas (Loewenberg, 1988 e Sermabeikian, 1994).

Para evitar proselitismo, afirma Loewenberg que: "atividades missionárias devem ser evitadas por todos os assistentes sociais, não importa se suas orientações são religiosas ou humanistas ou radicais" (1988: 92). Se a "neutralidade axiológica" é um mito, então, uma opção é deixar claro, de princípio, quais são os valores que orientam a prática do profissional, ajudando, assim, o usuário a avaliar o que o assistente social está dizendo (Loewenberg, 1988 e Canda e Furman, 1999), da mesma forma que um psicólogo pode, de início, definir sua linha de tratamento (freudiana, lacaniana, ou outra), deixando ao paciente a escolha de seguir ou não com o tratamento.

Outro ponto importante a ser considerado é o conceito de empatia. A partir dele, não se pede que o profissional aceite os valores do cliente/usuário, já que empatia significa "buscar um entendimento sensitivo e compreensível da posição valórica do cliente" (Loewenberg, 1988: 112). Ter uma atitude compreensiva não significa validar crenças e práticas outras, mas reconhecê-las como legítimas (Ejaz, 1991). Assim, afirma Loewenberg: "assistentes sociais, que acreditam e que não acreditam, devem aprender a entender a religião e seus impactos no comportamento humano. Tal entendimento é um pré-requisito para uma prática efetiva" (1988: 149).

6.2.5 Abordagem holística

> "Neste país, nós podemos aprender muito de diferentes grupos religiosos. Nós somos todos seres integrais, a prática, o meio ambiente e o espírito. Nós precisamos estar conscientes disso." (SW, 1994)

Os assistentes sociais buscam, nas religiões, noções que concorram para um melhor entendimento da prática por eles desenvolvida. Desta maneira, profissionais ingleses e brasileiros recorrem a *conceitos religiosos* para ampliar seu entendimento de *temas de trabalho* e dos *usuários, a partir de uma metodologia própria de intervenção.*

Entre os brasileiros, lidar com a morte, assim como a percepção do que é o mundo (ele não é só material), foram os dois elementos motivadores da busca de uma interpretação religiosa. A clientela foi entendida, não só como um "ser humano", mas também como um "espírito", no sentido kardecista do termo (AS, 1975; AS, 1982 e AS, 1987):

> "A junção que eu faço [entre religião e profissão] é que eu vejo aquela pessoa que está na minha frente como um ser humano igual a mim, um espírito que precisa de ajuda e que ali eu tenho a condição e a possibilidade de entendê-lo dentro da realidade dele, não na minha, e dentro da realidade de ele ver como eu posso ajudá-lo. A minha formação é no sentido de conseguir força, energia para que eu possa trabalhar com aquela realidade ali." (AS, 1987)
>
> "A formação religiosa te ajuda muito porque você busca muito. Eu buscava muita força para poder entender aquilo, a morte da criança, por quê? Para mim era muito difícil eu entender o sofrimento de uma criança. Como é até hoje." (AS, 1975)

Entre os ingleses, concepções religiosas e espiritualistas foram também integradas à prática. A abordagem holística do ser humano incorporou-se em uma interpretação espiritualista (SW, 1977), assim como o conceito de *empower* foi entendido como uma derivação do desejo de fazer o bem (SW, 1995). As noções de caridade (SW, 1994) e do "bom samaritano" (SW, s.d.) foram também utilizadas como referência para a prática profissional. Em relação à clientela, o passado religioso forneceu uma outra visão de quem são os usuários (SW, 1994 e SW, 1995).

"Você não pode ignorar que talvez exista uma forte ligação em ajudar as pessoas, apoiá-las, empoderá-las, vindo de dentro de nós, que quer fazer o bem. Amar o seu vizinho." (SW, 1995)

"[O passado religioso] provavelmente te deu uma visão diferente das pessoas e de seus problemas porque você vai ajudá-las de uma maneira diferente. Se eu atendo e vejo um problema, é porque eu sei o sistema em que eu posso sempre ajudar." (SW, 1995)

A abordagem holística significa o reconhecimento de que o tratamento dado às questões sociais não pode ser fragmentado e abordar apenas alguns de seus pontos mais evidentes. Desta forma, problemas ditos sociais também têm outras repercussões e determinações. Por muito tempo, ter uma abordagem mais abrangente significava incorporar questões psicológicas às sociais, formando as abordagens psicossociais. Com o tempo, outras dimensões foram agregadas, como a biológica e a ecológica. Então, corpo, mente, natureza e sociedade estariam todos integrados, autodeterminando-se, e, por isso, uma abordagem que enfrentasse todos estes pontos, conjuntamente, poderia ter uma eficácia maior que as demais.

No entanto, o reconhecimento da importância da religião e dos aspectos espirituais para a vida das pessoas permitiu que um outro elemento fosse ainda agregado: a dimensão espiritual. Na medida em que se reconhece que este é um fator determinante da conduta das pessoas, ele deixa de ser considerado como irrelevante, para ser também parte da unidade que compõe o "humano" (Hugen, 1998). Para fazer esta agregação, Hugen (1998) cria o termo "perspectiva bio-psicossocial e espiritual" ("*bio-psycho-social-spiritual perspective*") e Canda e Furman (1999) falam de "pessoa-no-meio ambiente" ("*person-in-the-environment*") para tratar da mesma questão.

Outros autores vão também ratificar a importância de uma abordagem mais ampla do "ser humano" para a prática assistencial, chegando a elaborar um modelo sacramental (Judah, 1985). Autores como Loewenberg (1988), Spencer (1957), Lloyd (1997), Canda e Furman (1999), Hook, Hugen e Aguilla (2001) e Rice (2002) lembram a importância que o tema da religião tem para certos usuários dos serviços sociais, como pacientes terminais, e afirmam não ser possível excluir aspectos centrais da vida das pessoas no atendimento assistencial, como suas necessidades espirituais. Dizem, ainda, que quanto mais os profissionais da assistência estiverem conscientes de sua própria espiritualidade, melhor poderão suprir esta demanda dos seus usuários.

6.2.6 Prática da oração e de rituais religiosos

> "Se eu tenho um problema e não tenho certeza de como lidar com ele, eu oro e peço ajuda. Eu sei que eu irei receber a resposta e irei discuti-la com meu gerente. Isto funciona para mim. Eu sempre penso que a resposta está lá, em algum lugar." (SW, 2002)

Na mesma linha de pensamento, os assistentes sociais brasileiros e ingleses afirmaram que costumavam *orar antes de realizar uma atividade assistencial*. Esta expressão de fé dos profissionais não necessariamente interfere, de forma imediata, na prática desenvolvida. Esta é uma ação privada, e aqueles que dela se utilizam podem, em seguida, se utilizar de conceitos e técnicas que se baseiem ou em teorias sociais ou em processos racionalizadores absolutamente secularizados. Assim também, a crença em que a "ajuda de Deus" pode favorecer o trabalho desempenhado não elimina, para os profissionais, a responsabilidade das ações por eles estabelecidas.

Por outro lado, insere-se um elemento transcendente na prática assistencial que, em alguma medida, exerce uma influência sobre esta ação. Principalmente no relato dos assistentes sociais ingleses, percebe-se que existe uma interpretação antropomórfica de Deus. Neste caso, mais do que apenas fortalecer o profissional, a oração é utilizada para que se obtenham respostas às demandas postas pela prática que se mostram insolúveis para os recursos teóricos e metodológicos incorporados pelos profissionais (AS, 1979 e SW, 2002).

> "Quando eu vou para um embate eu penso assim: 'Mãe do céu esteja do meu lado'. Eu acho que Deus me fortalece para que eu acredite em mim." (AS, 1979)

O uso da oração nas citações acima (incluindo a epígrafe) poderia revelar apenas a fé que os profissionais detêm. No entanto, ela revela mais: para os profissionais, que a utilizam existem questões da prática profissional (e certamente de sua vida privada) que não encontram solução nas teorias sociais, nas técnicas interventivas, na experiência profissional própria e de colegas, mas apenas serão solucionadas através do recurso a um poder superior, que lhe mostrará o que fazer.

Esta é uma das possibilidades de utilização da oração e de recursos próprios das religiões. A literatura analisada, porém, enfatiza que rituais religiosos podem ser instrumentos da ação profissional. Em ambos os casos, contudo, se supõe que o profissional acredite naquilo que está sendo realizado. Mesmo que não faça parte das suas crenças acreditar em seres transcendentes, é necessário que ele acredite que rituais religiosos, realizados junto com seu cliente/usuário, serão positivos para o resultado que se busca.

Loewenberg (1988) conta o caso de uma assistente social que, depois de ter percebido os benefícios psicológicos e emocionais derivados das experiências religiosas, "organiza vários rituais religiosos para serem feitos no hospital, mesmo tendo que superar consideráveis obstáculos administrativos, antes de poder fazê-los" (1988: 115). Segundo o autor, neste caso, o ritual religioso não era visto como um fim em si mesmo, mas "como um recurso viável" (idem).

Se os assistentes sociais religiosos utilizam a prece como recurso técnico e nela acreditam, aqueles que não são religiosos podem ver outras razões para utilizá-la. Conforme ainda o mesmo autor, uma frase, um som, uma prece ou um mantra podem ser suficientes para mudar a mente de uma pessoa de uma situação estressada, para outra mais pacificada. Assim, "se relaxamento é o objetivo, não há razão clínica para não utilizar a prece com a qual os clientes se sentem confortáveis" (idem: 116). O autor lembra, no entanto, que "oração pode ser um importante elemento para ajudar alguns clientes; [...] mas raramente somente orar irá corrigir uma situação problema" (idem: 117).

Canda, em seu texto de 1990, é quem mais desenvolve a forma como a oração pode ser incorporada na prática do assistente social. O autor parte não apenas de uma concepção não-utilitária da prece, já que, para ele, "todas as formas de oração envolvem um diálogo amoroso com Deus" (1990: 4); a sua concepção é também fortemente baseada em pressupostos católicos. Após afirmar os efeitos positivos da prece, o autor argumenta, dizendo que o assistente social "pode utilizar sua própria prece de pedidos ou de contemplação para reforçar sua preparação para ajudar o cliente. Inclusive, quando o processo de ajuda é entendido como uma prece em ação, o assistente social pode orar constantemente sem uma única aclamação piedosa" (1990: 7).

Canda comenta ainda que a oração também pode ser utilizada para: 1) o atendimento como uma prece (comentada acima); 2) encaminhar o cliente a um pastor ou padre; 3) colaborar com um especialista religioso; 4) atender à solicitação do cliente/usuário durante a sessão; 5) por sugestão do profissional, durante a sessão.

Diante destas possibilidades, três condições são necessárias, como pré-requisitos, para utilização da oração, segundo o autor:

"a) o cliente é interessado no assunto, fazendo um pedido explícito, ou o assistente social percebe o interesse do cliente/usuário;

b) uma *"spiritual sensitive relationship"* é estabelecida, através da empatia, do respeito e da confiança mútua; o assistente social percebe o interesse e o passado religioso do cliente; há um explícito entendimento mútuo entre a orientação espiritual de cada um;

c) o assistente social é qualificado para realizar a oração e tem uma autoconsciência individual bem desenvolvida.

Canda apresenta, então, um quadro com as opções de uso da prece e as precondições para cada uma delas. Veja a seguir:

Opções de uso da prece	Condições			
	nenhuma	a	b	c
1	*	*	*	*
2		*	*	*
3			*	*
4			*	*
5				*

Trabalhos, ainda, como o de Gatza (1979), Meystedt (1984), Laird (1984) e Hook, Hugen e Aguillar (2001) vão ratificar formas possíveis de incorporação da prece e de rituais religiosos e espirituais na prática assistencial, sem que isso, para eles, seja posto como um problema à profissionalização da assistência. Este é um recurso que depende exclusivamente da fé e das crenças dos próprios profissionais, dificultando assim, a sua possibilidade de reprodução e apreensão, por profissionais que não partilham destas crenças.

6.2.7 Trabalho útil e valorizado como um ato de amor

> "Não é simplesmente uma troca por dinheiro. Eu tinha necessidade de trabalhar por dinheiro. É uma satisfação por eu estar fazendo uma coisa que vai ter uma utilidade grande." (AS, 1980)

Por último, ao tratarem desta relação "religião" x "profissão", assistentes sociais brasileiros e ingleses ressaltaram novamente o caráter de utilidade (AS, 1980) e de amor (SW, 1995) da profissão, que se sobrepujariam ao sentido propriamente mercantil da ação assistencial.

> "Eu procuro não ser tão individualista. O dinheiro, ótimo, eu preciso, mas também vai trazer uma melhoria para o social." (AS, 1980)
>
> "Quando eu trabalhava em Jornalismo [...] eu não podia trabalhar onde era apenas para dar lucro. Eu gosto de ter alguma coisa que faz sentido, era alguma coisa de valor que estava sendo feita e não era apenas para fazer dinheiro." (SW, 1995)

O trabalho profissional é valorizado por ser aquele que aglutina bons sentimentos e boas ações, em detrimento de uma maior remuneração possível em outras áreas. A religião é parte constitutiva desta forma de pensar a profissão, pois fornece os fundamentos morais para tal concepção. Ao dar uma conotação religiosa à profissão, esta última passa a ser, em si mesma, um ato de virtuosismo e não somente uma ação contratual e de prestação de um serviço.

Então o assistente social é definido como uma pessoa cuidadosa, bondosa (Linzer, 1979), humilde (Philpot, 1986), que tem compaixão[5] pelo seu cliente/usuário (Linzer, 1979; Canda, 1988; Bowpitt, 1989; Sermabeikian, 1994; Canda e Furman, 1999; Rice, 2002), que deve amar e respeitar todas as pessoas (Canda, 1983), em que um dos objetivos profissionais é o de um "relacionamento caridoso e amável", o que significa "um amor não possessivo de compartilhamento, baseado no reconhecimento e no respeito a todas as pessoas vulneráveis da humanidade" (Constable, 1983: 34).

Siporin (1986) afirma que a caridade e a justiça são valores do Serviço Social, como "amor — ou o que nós em Serviço Social chamamos de aceitação —, cuidado, altruísmo e responsabilidade social", todos sinônimos de valores religiosos. Já Canda (1988) inclui a necessidade de se ter, na relação "Eu-o próximo" ("*I-Thou*"), "empatia, escuta cuidadosa e aceitação amorosa e tolerância" (1988: 243). E em Kissman e Maurer (2001) encontra-se também a espiritualidade, relacionada a "sentimento de ser cuidado por, valorizado, seguro, esperançoso, amável e amado" (2001: 35).

A idéia de servir à sociedade por meio do amor e da justiça é trazida por Holland (1989). Além disso, o autor afirma que o valor último de todas as pessoas envolvidas na relação profissional pode ser visto como um ato sagrado, procedendo da fé no valor do amor, da justiça e na responsabilidade comunitária, que são enfatizadas nas trajetórias religiosas. O autor ainda acrescenta a benevolência como um outro atributo da ação profissional.

Há, portanto, uma utilização de recursos como afeto, fé e valores na ação assistencial. Esses recursos, na profissão, estão subordinados ao assalariamento e, assim, inseridos em um sistema social que visa, como fim último, a obtenção privada de maiores lucros nas atividades econômicas.

---

5. Que significa "comiseração na empatia com outros. Isto é, solidariedade na resposta ao sofrimento" (Canda e Furman, 1999: 4).

6.3 Outros temas

Outros temas foram encontrados nos autores estudados, embora não tenham sido mencionados pelos entrevistados. O tema da secularização, por exemplo, que tem direta conexão com o debate em voga, foi tratado por autores como Marty (1980), Siporin (1986), Loewenberg (1988), Holland (1989), Bowpitt (1985, 1989 e 1998), Patel, Naik e Humphries (1998), Hook, Hugen e Aguillar (2001) e Hodge (2002). Qualquer entrada nesta discussão deve ter em consideração tudo o que foi dito nos itens acima: reconhecer um Estado e uma sociedade secularizados não significa a desconsideração pelas crenças e valores dos indivíduos. Esta abordagem coloca a necessidade de um novo encaminhamento para o tema. A religião não precisa (e não deve, como foi visto) ficar fora do debate e da formação profissional, mas ela deve ser tratada profissionalmente, assim como são tratadas as questões de gênero, as questões raciais, ou a desigualdade de origem social e cultural de alunos e profissionais.

Por isso, dois temas não podem ser omitidos: primeiro, são apresentados os comentários críticos à aproximação entre religião e Serviço Social. Segundo, serão mostradas as formas pensadas pelos autores internacionais de incorporação da religião no currículo profissional. Talvez este tema seja por demais controverso, no entanto, parece ser mais conseqüente enfrentar a questão e qualificar os futuros alunos para a intervenção, do que deixar que os valores e o senso comum de suas experiências direcionem a ação por eles desenvolvida. Isto será tratado a seguir.

6.3.1 Críticas à aproximação entre religião e assistência

Dentre os 42 assistentes sociais entrevistados, apenas 6 não estabeleceram relação entre religião e profissão. Destes, os cinco que apresentaram justificativas para tal eram ingleses. Suas respostas serão analisadas a seguir.

Entre os principais argumentos estão: primeiro, que a relação entre religião e assistência social é irrelevante (SW, 1994); segundo, que a relação entre religião e assistência social não é um requisito para aqueles que fazem o curso de Serviço Social (SW, 1988); terceiro, a concepção de ajuda social, própria da profissão, não se vincula exclusivamente aos valores religiosos (SW, 1994); quarto, pode-se respeitar a religião, sem necessariamente dela gostar ou ser um crente (SW, 1994); quinto, a religião baseia-se em valores e julgamentos que excluem e discriminam, enquanto o Serviço Social utiliza-se da imparcialidade e não faz discriminações (SW, 1995).

Os pontos acima relacionados pelos profissionais são a base para que se estabeleçam críticas teóricas a esta aproximação. Estas não são poucas e, tão pouco, inconseqüentes. Ao contrário, elas tocam em pontos que, necessariamente, devem ser aprofundados. As críticas podem ser resumidas nos seguintes pontos: que cada religião tem uma diversidade de crenças e que os indivíduos também partilham crenças diversas, nem sempre pertencentes a uma única religião (Spencer, 1957); que toda discussão sobre o tema é usualmente permeada de fortes emoções advindas de experiências ocorridas na infância/juventude, devendo assim ser evitada (idem); que, seguindo a cultura norte-americana, cada pessoa é livre para expressar seus impulsos religiosos e para encontrar suas necessidades religiosas, como lhes aprouver, não sendo porém matéria de uma profissão (ibidem).

Além disso, outros argumentos utilizados dão conta de que existem diferenças entre valores profissionais e religiosos, como: comunitarismo (religião) x individualismo (profissão), e a separação entre uma moralidade pública e outra privada, como fundamento do Estado laico e a indissociação proposta pelas religiões (Siporin, 1986 e Loewenberg, 1988), principalmente pelas religiões fundamentalistas (Sanzenbach, 1989 e Midgley e Sazenbach, 1989). Fazem também parte do conjunto de críticas as idéias de que existe uma falta de preocupação das teorias sociais e do Serviço Social com o lado espiritual do homem. Para estas, o lado espiritual do homem se expressa no campo da "saúde mental" (Siporin, 1986) ou, ainda, há uma dificuldade em se saber como distinguir comportamentos religiosos e patológicos (Clark, 1994).

Finalmente, três outros argumentos são utilizados: o cientificismo e a abordagem racional, necessários para se fazer desta atividade uma profissão, contrastam com o conhecimento advindo das religiões (Loewenberg, 1988); a ênfase das religiões nas questões espirituais e do "outro mundo", negligenciando as necessidades humanas e sociais básicas (Loewenberg, 1988); o caráter conservador das religiões (idem).

No trabalho de Cornett (1992), o autor apresenta críticas e soluções para as questões levantadas. Segundo o autor, um dos problemas em se trabalhar com a espiritualidade é o fato de que se trata de uma dimensão esotérica e inobservável. O autor lembra, no entanto, que outras categorias utilizadas na profissão também o são. Outro ponto seria a imposição das crenças do profissional em relação ao atendido. Cornett afirma apenas que tal fato deve ser evitado. Finalmente, a tradição do Serviço Social resiste à idéia de que existam aspectos "do nosso meio ambiente e universo que são fora do controle de nossos poderes de adaptação" (1992: 2). Segundo Cornett, ao negar tal fato, nega-se o tremendo crescimento que os clientes/usuários podem atingir, por meio da exploração do aspecto espiritual de suas vidas.

Clark (1994) pergunta se os assistentes sociais estariam preparados para lidar com todas as tradições religiosas, e afirma que os cursos deveriam centrar-se em conteúdos bio-psicossociais e não entrar em questões pastorais e teológicas. Outro ponto relevante refere-se ao aspecto epistemológico que implica o trânsito para um enfoque espiritualista. Deve-se criar uma nova epistemologia, partindo de pressupostos explicitamente teológicos nestas abordagens, ou a ênfase deve continuar sendo dada a partir das Ciências Sociais?

Como último ponto, o autor lembra que todo o esforço do tornar-se profissão se constituiu no afastamento das referências religiosas, que marcaram o início da assistência social. Além de progressivamente aceitar os valores do pluralismo democrático, os profissionais da assistência romperam também com o foco moral do indivíduo, para escolher uma base de conhecimento profissional, realizada pela pesquisa sociocomportamental e pela sabedoria advinda da prática. Manter os ganhos, que já foram realizados na profissão significa, para o autor, manter a religião fora do foco principal da profissão.

Todas as críticas aqui apresentadas tocam em aspectos delicados que, levados às suas últimas conseqüências, poderiam inviabilizar qualquer pretensão de se incorporar o estudo da religião ao fazer profissional. No entanto, se a religião se incorpora à prática assistencial, como aqui se busca evidenciar, as críticas apresentadas pelos autores precisam ser entendidas como desafios teórico/práticos, e não como obstáculos intransponíveis. É preciso, então, qualificar religiosos e não religiosos para atuarem profissionalmente sobre as questões de âmbito religioso que surgem na prática assistencial. Isso requer conhecimento, reflexão e treinamento. É esta a proposta de autores que serão apresentados a seguir.

6.3.2 Religião na educação do Serviço Social

Dois exemplos foram dados pelos assistentes sociais, para evidenciar a utilidade da religião para a vida dos usuários dos serviços sociais e para mostrar que este era um tema relevante em suas práticas. O primeiro exemplo foi relatado por um profissional brasileiro:

"Quando eu estagiei, trabalhei no abrigo. Por um ano, eu pude acompanhar e observar as mães. Durante este ano, as mães, o que evoluíram! Eu peguei a família sem ter as coisas necessárias básicas, elas não tinham. Depois de um ano, melhoraram, prosperaram. Assim de ter uma casa com as necessidades básicas preenchidas. Televisão, geladeira, estes aparelhos todos domésticos. Foram seis mães que participaram da Igreja Evangélica. Então isso eu pude constatar. Se é errado, ou certo, eu não entro no mérito. Mas eu entro no mérito da mudança de percepção das coisas. E as conheci sem elas estarem na Igreja e eu as conheci, depois de um ano, a mudança que houve de mentalidade a respeito da mudança de vida. Então eu pude observar que, certo ou errado, foi um fator positivo para aquelas famílias. As que não estavam [na Igreja Evangélica] eu pude ver que não melhoraram, não progrediram em nada. Eu acho que é uma forma de educar que, às vezes, a religião consegue." (AS, 1982)

E o segundo por um inglês:

"Outra garota que cresceu em XYZ participava de uma igreja muito pequena. Para ser aceita pelas pessoas na Igreja, ela tinha que levar outra. Ela foi batizada três ou quatro vezes para ser aceita pelos mais antigos.

Ela tinha sido violentada e estava morando com um participante antigo da Igreja. Eles disseram que ela tinha sido violentada, talvez, por não ser uma pessoa boa o suficiente. Como resultado da violação, ela ficou grávida e abortou. As pessoas da Igreja a expulsaram. Para ajudá-la a recuperar-se do trauma de ser violentada e toda a culpa que estava sendo atribuída a ela por esta Igreja, em particular, nós vimos nos ensinos da Igreja o que era o certo. O que era o conceito de Deus etc. Ela, então, veio pensar o que era o certo e o que era o errado. Ela estava, então, pronta para superar a culpa que tinha pelo aborto. Então, nós lidamos com o trauma. Ela estava, então, pronta para recomeçar e ter uma ótima carreira." (SW, 1971)

Os dois exemplos, embora com sentidos muito diferenciados, mostram que temas provenientes do universo religioso fazem parte da prática profissional. Os assistentes sociais, pela ausência de conteúdos desta ordem, em sua formação, têm-se utilizado apenas de seus conhecimentos próprios, para lidar com as situações apresentadas, não estando qualificados para lidar profissionalmente com elas.

A tentativa de padronizar a relação entre religião e Serviço Social, via processo educativo, é realizada desde os anos 1950 por Spencer (1956 e 1957). A autora estabeleceu cinco pontos básicos[6] que os assistentes sociais deveriam conhecer para tratar do tema da religião, embora não dissesse, de forma explícita, como incluir tais pontos no currículo.

Em seguida, autores como Keith-Lucas (1960), Liyanage (1974), Marty (1980), Delton (1990), Holland (1989), Sheridan et al. (1992),

---

6. "1) Ele deve ter um entendimento maduro da religião;

2) ele deve ter um 'conhecimento de trabalho' (*working knowledge*) das crenças básicas que são provenientes dos pontos cruciais de todas as fés religiosas e ele deve saber como a manutenção ou perda de algumas destas crenças pode afetar o sentimento, as atitudes e o comportamento humanos;

3) ele deve ter um 'conhecimento de trabalho' das principais crenças e práticas daquelas religiões [...] com a qual ele mais diretamente está em contato na sua prática professional e deve entender como essas crenças afetam o ajustamento de vida das pessoas e como, então, eles podem ser afetados pelos eventos na sua vida;

4) ele deve saber onde e como obter rapidamente informações e conselhos sobre problemas religiosos com os quais ele não é familiarizado;

5) ele deve ter um claro entendimento de quais os problemas requerem a ajuda de um conselheiro espiritual qualificado" (Spencer, 1957: 522-3).

Sheridan, Wilmer e Atcheson (1994) e Hook, Hugen e Aguillar (2001), por meio de pesquisas que atestam a relevância do estudo da religião para os profissionais de Serviço Social, insistem que assistentes sociais precisam estar preparados, para lidar com o aspecto religioso e espiritual das experiências dos clientes, como com qualquer outro aspecto desta experiência, mas não avançam em propostas efetivas de como introduzir o tema da religião, na formação profissional. Nesta mesma linha, Amato-von Hemert (1994) afirma que: "nós não podemos prover serviços éticos e profissionais se nós impedimos pesquisas e treinamento interpretando questões privadas e opcionais relativas à religião" (1994: 10).

Canda é o primeiro autor que parece ter uma proposta efetiva de estudo da religião pelo Serviço Social, para além do reconhecimento da relevância do tema. Ele propõe um estudo comparado, que propiciaria que "estudantes examinem as suposições por detrás das crenças e comportamentos religiosos", e isto poderia "ajudá-los a avaliar o impacto deles sobre os clientes" (Canda, 1989: 37). Um estudo que considerasse várias perspectivas religiosas, sem promover uma em particular, sem proselitismo e sem a imposição dos valores do professor sobre os alunos. Esta abordagem deveria respeitar a diversidade de compromissos de fé, considerando também os efeitos negativos possíveis, oriundos das práticas e crenças religiosas, e afirma: "se estudantes não estão aptos a lidar com diferentes valores religiosos dentro de uma sala de aula, eles não estarão preparados para lidar com eles no campo" (idem: 38).

Além de a perspectiva comparada poder ajudar aos alunos a desenvolver um "entendimento imparcial ("*non-judgmental understanding*") das crenças e doutrinas religiosas, o ensino da religião deveria também:

"a) examinar religião e espiritualidade como aspectos gerais da cultura e das experiências humanas;

b) comparar e contrastar crenças e comportamentos religiosos diversos;

c) evitar preconceito seja sectário, seja não-sectário;

d) encorajar diálogo explícito sobre assuntos a partir de diferentes aspectos valóricos;

e) examinar o benefício ou prejuízo potencial de práticas e crenças religiosas;

f) enfatizar a relevância do entendimento para o assistente social, promovendo um efetivo serviço para os clientes." (Canda, 1989: 39)

Adicionada a estes pontos estaria uma abordagem étnico-cultural e antropológica da religião, em que um panorama geral das religiões, das culturas e crenças seria discutido, além de sua relevância para o Serviço Social. Ainda, Canda afirma ser positivo que o professor seja conhecedor e adepto de uma fé (ou crença), pois poderia tratar com mais propriedade da religião a que se vincula.

Ainda no final dos anos 1980, Dudley e Helfgott (1990) realizaram pesquisa com 53 professores de quatro universidades norte-americanas. Perguntados se espiritualidade era um aspecto fundamental do ser humano, 75% concordaram ou concordaram fortemente; 47% avaliaram positivamente que os assistentes sociais deveriam se tornar mais sofisticados em "assuntos espirituais". Perguntados se deveria haver um curso sobre a relação entre religião e Serviço Social, 60% concordaram com esta possibilidade, desde que a matéria fosse eletiva. Assim também, a vasta maioria entendia que o estudo da espiritualidade não estaria em conflito com "a missão do Serviço Social, o Código de Ética da NASW[7], suas próprias crenças, ou a crença dos clientes" (1990: 290). Já a maior preocupação registrada entre os entrevistados estava em que se assegurasse a separação entre Igreja e Estado.

Rice (2002) afirma que, nos Estados Unidos, "o Conselho Educacional de Serviço Social já incluiu 'religião' nas suas definições de características-chave da diversidade humana como delineado nas suas políticas curriculares" (2002: 304). Assim, houve um aumento rápido de cursos, oferecendo a cadeira de *"Spirituality and Social Work"*, passando de 15, em 1995, para 50, em 2002. Vale lembrar que referências à religião e espiritualidade só estiveram fora do currículo norte-americano, nas "Políticas Curriculares" de 1970 e 1984, retornando em 1985.

---

7. NASW — *National Association of Social Work* — Associação Nacional de Serviço Social. O "nacional" refere-se aos Estados Unidos.

Na pesquisa realizada por Russel (1998), nos EUA, com 17 cursos de Serviço Social com disciplinas separadas para religião ou espiritualidade e Serviço Social, os dez temas mais abordados foram:

Tópico	Número de Cursos
Trajetória histórica religiosa da profissão	10
Aspectos funcionais e disfuncionais da religião e da espiritualidade	10
Perspectivas feministas e questões de mulher	10
Crescimento profissional, espiritual e pessoal dos estudantes	9
Métodos práticos derivados da espiritualidade	8
Entendimento e respeito à diversidade espiritual	8
Ética e outras questões relativas a minorias	8
Cooperação com organizações religiosas e espiritualistas	7
Desenvolvimento teórico do crescimento religioso e espiritualista	7
Ação social e questões de justiça social	7

Nestes cursos, o autor percebeu que o acervo bibliográfico utilizado era muito restrito, limitando-se a capítulos de livros e artigos de jornais especializados. Além disso, os cursos eram resultado de esforços individuais de professores que os propunham como "parte do próprio caminho espiritual deles" (Russel, 1998: 23), tendo uma boa receptividade de alunos e da faculdade em que era ministrado.

As maiores dificuldades de implementá-los, segundo os representantes das faculdades entrevistadas, foram: "superar a resistência e ceticismo de seus colegas de faculdade; escopo estreito do material publicado; e encontrar livros e textos apropriados" (Russel, 1998: 23). Outro desafio foi o de manter "um ambiente respeitoso com a diversidade religiosa e espiritual na sala de aula" (idem). No entanto, foi reconhecido que os cursos "ajudaram os estudantes a desenvolver uma consciência do impacto da espiritualidade na vida das pessoas; e a ajudar os alunos no seu próprio crescimento espiritual" (idem: 24).

Como pode ser visto, esforços no sentido de incluir o tema da religião no currículo profissional já vêm sendo realizados em alguns países e em algumas universidades, embora o debate sobre esta possibilidade seja ainda pouco estruturado. Novas propostas e, sobretudo, o resultado destas primeiras iniciativas serão decisivos, para que outros cursos possam também incorporar, ainda que a partir de disciplinas eletivas, o tema da religião.

* * *

A diversidade de conexões e sua extensão, perpassando toda a prática profissional, mostra não apenas o forte vínculo que os assistentes sociais encontram entre a religião e a prática profissional, mas que os ideários religiosos e suas crenças permanecem e se intercruzam com os conhecimentos e técnicas profissionais todas as vezes em que, para o profissional, houver uma conexão de sentido entre um e outro. Desta forma, a concepção de ajuda social expressa tanto nas motivações para a prática quanto na "satisfação" do trabalho está referida, em grande parte, à formação religiosa dos profissionais e à identidade entre trabalho assistencial religioso e profissional.

O que as entrevistas mostram é que à formação profissional soma-se um conjunto de valores e conhecimentos já trazidos pelos alunos. Estes não são "páginas brancas" em que se tratará, pela primeira vez, dos temas relativos à assistência. Noções e concepções expressas nos cursos serão apreendidas e utilizadas, conforme estejam, em algum grau, de acordo com os valores e concepções já trazidos pelos futuros profissionais.

Isso não significa, no entanto, que se esteja diante de agentes religiosos que desempenham uma prática catequética. O sentido religioso da assistência dá-se por dentro da burocracia e das racionalidades que dirigem a construção dos serviços sociais, já que é inerente à forma de conduta dos assistentes sociais.

A seguir, é apresentado um quadro-síntese de todas as formas de relação existentes entre religião e assistência, extraídas das entrevistas com os assistentes sociais ingleses e brasileiros:

Formas de relação entre religião e Assistência Social	Brasil	Inglaterra
1. Religião fornece sentido e direção a todos os atos da vida	*	
2. Religião como um elemento positivo para a vida dos profissionais	*	
3. Identidade entre crenças e valores dos profissionais e da clientela favorecem o atendimento assistencial		*
4. Motivação para a escolha da profissão — a partir da concepção de ajuda social	*	*
5. Satisfação encontrada no trabalho profissional	*	*
6. Complementaridade entre o trabalho religioso/voluntário e profissional	*	*
7. A fé do profissional como recurso para a prática	*	*
8. Valores religiosos	*	*
9. Busca de imparcialidade	*	*
10. Abordagem holística	*	*
11. Prática da oração como recurso metodológico	*	*
12. Trabalho valorizado por sua utilidade e por ser um ato de amor	*	*

Estes dados reforçam a constatação de que a religião não apenas é (e tem sido) um elemento relevante para a prática assistencial, mas também de que vem sendo incorporada à prática assistencial. Qual exatamente o significado desta incorporação para a profissão? Para poder ter a dimensão destas repercussões, é preciso ter clareza dos pontos centrais de conexão entre religião e assistência e seus significados. É o que será realizado nas considerações finais a seguir.

Implicações e últimas considerações

Após ter demonstrado qual o lugar da religião no Serviço Social, é preciso agora avançar, com vistas a restabelecer alguns vínculos importantes que foram apresentados em capítulos anteriores. Pistas e indicações foram ficando pelo caminho, e este é o momento de mostrar que, numa análise conjunta, elas ganham ainda maior coerência e sentido.

O *primeiro ponto* a destacar é que a análise do conjunto de vínculos de sentido entre a religião e o Serviço Social, estabelecidos pelos profissionais, é mais importante do que a discussão de cada um, em particular. Não importa se existe maior ou menor discordância em um ou outro tipo de vinculação, pois o importante é entender que é a resultante destas atribuições de sentido que dá, à profissão, uma expressão religiosa. Se um assistente social tem uma concepção sociológica do usuário dos serviços, mas ora antes de atendê-lo; se outro acredita que a espiritualidade do usuário é importante para o tratamento, embora seus procedimentos técnicos, para a intervenção, aparentemente não contemplem tal aspecto; se adiante, um assistente social desempenha sua atividade por "amor e dedicação", mesmo buscando conscientizar seus usuários acerca dos direitos sociais... Enfim, o que resulta desta conjugação?

A depender de quantos percebam a semelhança de sentidos entre religião e a prática profissional por eles desenvolvida, e de quantos instrumentalizem o seu fazer assistencial com a marca de seus valores e de suas concepções religiosas, maior será a conotação religiosa na resultante do trabalho profissional. Este tem sido um resultado não esperado das ações individuais (nem sempre deliberadas e conscientes), quando analisadas no agregado.

Mesmo em ambientes acadêmicos e profissionais tão diferentes, como Brasil e Inglaterra, houve um núcleo de convergência entre princípios e valores religiosos e a prática assistencial profissional, evidenciando que aqueles são instrumentalizados nesta última, a despeito das diferenças culturais existentes entre ambos os países. Mesmo assim, tais diferenças mostraram-se presentes, nos sentidos para a concepção de ajuda, na forma de conhecimento da profissão por parte dos alunos, nas características pessoais dos próprios assistentes sociais, entre outras.

Desta forma, estudos que enfoquem as grandes diferenças culturais existentes entre Brasil e Inglaterra, ou entre a tradição ibérica e anglo-saxã, na forma de diferentes projetos de modernidade e suas repercussões para a profissão, terão, certamente, campo fértil de investigações. Este trabalho, durante todo o seu percurso, indicou a existência destas distinções, embora sem maiores aprofundamentos da análise.

O *segundo ponto*, então, é analisar o que unifica a ação assistencial e garante a convergência tratada acima. Um dos pontos a ser assinalados é que a atuação do Serviço Social centra-se nos efeitos sociais negativos da modernidade e da industrialização. Estes surgiram também na Rússia pós-comunista, onde foi criado o Serviço Social em 1991; no Japão, na Índia, nos países fundamentalistas, e em todos os países onde se pode ter informações, ficou convencionado que os serviços assistenciais — como salvaguardas à extrema vulnerabilidade social e aos processos acentuados de pobreza e miséria, entre outros decorrentes dos processos de modernização lá instaurados — seriam tarefa dos assistentes sociais (*social workers*). As influências inglesa e norte-americana contribuíram decisivamente para esta homogeneização.

Em cada um dos países citados, dentre outros tantos, reconhece-se não apenas que, em alguma medida, a religião continua presente na prática profissional, mas também que o aprofundamento do debate sobre a temática pode acarretar uma melhor intervenção do assistente social. Qual o elo comum, presente em todas as experiências analisadas e que faz com que a profissão se identifique com a concepção de ajuda e com os valores e concepções religiosos?

Por identificar-se como um "serviço", a prática assistencial, seja ela exercida em âmbito público ou privado, inicia-se com um *atendimento*, em que o usuário/cliente irá apresentar sua demanda, através da narração de seus dramas cotidianamente vivenciados. É neste espaço, por exemplo, que os usuários poderão afirmar sua extrema pobreza ou situações críticas de vida que, depois, serão checadas (em geral, por meio de análise documental ou de visitas domiciliares), para que de fato possam ser viabilizados os benefícios sociais, em acordo com os critérios de elegibilidade institucionais.

No entanto, o momento do atendimento e o serviço prestado daí decorrente envolvem a criação de um espaço de diálogo e de sensibilização em que, por princípio, quanto maior for a empatia, a confiança, o respeito e a proximidade existentes entre profissional e usuário melhor as atividades serão desenvolvidas.

Não fica restrita ao assistente social, dentro da instituição, a tarefa de escutar as demandas da população. Em geral, o médico, o enfermeiro, o educador social, o professor (dos níveis de ensino mais fundamentais) são também responsáveis por esta escuta. Não é por acaso que a estas profissões está associada a imagem do sacerdócio, e agregam-se profissionais que imputam valores religiosos, de forma mais explícita, ao seu trabalho do que os de outras carreiras.[1]

O contato direto com as histórias de vida da população acarretam, não apenas a necessidade de uma postura profissional ética, mas também o próprio envolvimento pessoal do trabalhador social com a questão a ser trabalhada. Isto significa, em certo sentido, que cabe ao assistente social o cuidado e o tratamento da situação exposta, em grande parte, porque a ele o problema do usuário foi apresentado. Desta forma, ele torna-se parceiro da situação, tendo de dar algum tipo de encaminhamento a ela.

Nesta perspectiva, não parece estranho que os profissionais tenham afirmado que sentimentos como compaixão, empatia, confiança, entre outros sejam elementos próprios da ação do Serviço Social. Assim também, não parece estranho que os assistentes sociais brasileiros tenham afirmado o desejo de "ajudar" os usuários e que os ingleses tenham dito que queriam "ajudar" os usuários a se ajudarem.

---

1. Os dados de Pedagogia, Enfermagem etc. apresentados neste estudo, ratificam esta afirmação.

Diferente de outros profissionais, os assistentes sociais, em geral, não detêm nenhum serviço que eles possam oferecer diretamente à população, uma vez que suas atividades são mediadas pelos recursos institucionais. São eles que acompanham o tratamento realizado, disponibilizam informações, dão conselhos, encaminhamentos, verificam a condição do usuário e sua família, disputam, em alguns casos, espaço na instituição para o usuário, enfim, lutam para que o usuário tenha seus direitos atendidos.

Ao realizar tais procedimentos, partindo do atendimento, como tarefa primeira da ação assistencial, o profissional estabelece uma relação pessoalizada com os usuários e seus familiares, em que os ganhos simbólicos, para o profissional, são superiores aos materiais, já que se envolveu pessoalmente com a questão.[2]

Quando o assistente social torna disponível para a população a sua atenção, o seu cuidado, o seu compromisso, a sua dedicação, o seu carisma, ele disponibiliza atributos "pessoais" que são instrumentalizados como recursos profissionais.[3] Desta forma, a idéia de que o assistente social "humaniza" os serviços oferecidos pela instituição é o contraponto da sua inserção subalternizada, na hierarquia das profissões. É ela que fundamenta a auto-satisfação e a estima dos assistentes sociais e que atrai boa parte destes para as tarefas *de ajudar o usuário e sua família no interior das instituições*.

A passagem, por exemplo, dos assistentes sociais para as instâncias de planejamento tem sido, historicamente, uma tarefa demandada por eles mesmos e, em alguns momentos, por eles auto-atribuída. No entanto, ela requer uma outra qualificação, inerente a esta forma de atuação, que retira da ação profissional seus ganhos simbólicos mais relevantes. Por isso, esta reivindicação ocorre, menos pela identificação com processos burocráticos, e mais pela capacidade que os profissionais se atribuem de conhecer a realidade social da população, como uma decorrência do lugar ocupacional em que se estabelecem.

---

2. As conquistas do usuário, a amizade estabelecida, o agradecimento e o reconhecimento da ajuda prestada, tudo isso pode ter muito mais valor do que o salário, no final do mês.

3. Agregado a estes "dotes pessoais" está também um conjunto de informações úteis e necessárias ao campo de atuação do profissional que possibilitam uma ajuda efetiva ao usuário.

Assim, podem identificar-se, de forma privilegiada, com os "interesses dos usuários" e por eles lutar, percebendo outras dimensões dos problemas trazidos pela clientela, dando novos sentidos e significados para as demandas, argumentando pela priorização de determinadas questões etc. Elementos caros aos próprios assistentes sociais não ficam de fora deste conjunto de prioridades, incluindo-se nele as necessidades psicológicas e espirituais apresentadas pela população.

Deste ponto de vista, o próprio local de atividade se estabelece como propício para que o profissional exercite seus valores. Além disso, confere a ele a prerrogativa de afirmar quais as "reais" demandas da população. Como a tarefa do atendimento configura-se em um local de "pessoalização", então, os referenciais valóricos e existenciais do próprio profissional, assim como a sua experiência prática de escuta, tornam-se elementos relevantes para a ação exercida. O atendimento configura um campo fértil para que os profissionais estabeleçam vínculos entre suas crenças e valores religiosos e a atividade assistencial.

Na medida em que a religião é um dos aspectos relevantes para os profissionais, o reconhecimento de identidade entre a atividade profissional e os valores religiosos torna-se, não apenas uma possibilidade, mas também um fato, como foi mostrado. Esta constatação, no entanto, leva os assistentes sociais a afirmarem o desejo de separar ambas as esferas e de não impor aos usuários as suas crenças ou de contaminar a prática profissional com elas.

Um aspecto que não se modifica, então, em todas as experiências do Serviço Social é a identidade de sentido entre a atividade assistencial e os valores religiosos dos profissionais. Ao abordar temas que são tratados tanto pelas teologias, quanto pelas Ciências Sociais (como o valor e o sentido da vida, o que são os indivíduos e suas relações, a razão das desigualdades sociais, a luta por justiça social e por igualdade, a razão do sofrimento etc.), cria-se uma dificuldade de os profissionais abdicarem do conhecimento adquirido nas fileiras religiosas. As entrevistas mostram que há uma filtragem dos conhecimentos advindos das Ciências Sociais pelo crivo da religião, ou então uma busca de fundamentações que estejam afinadas com as crenças religiosas.

O qualificativo técnico não é o central na discussão da mediação religiosa. Em si, recursos técnicos podem ser utilizados, com enfoques e diretrizes os mais diversos. Desta forma, recursos como a entrevista ou o estudo de caso, ou mesmo a utilização de trabalhos comunitários, serão implementados, conforme o enfoque teórico que se dê, tendo, tacitamente, valores de origens diversas (de gênero, de classe, religiosos, políticos etc.) a eles agregados. Os valores estão presentes, portanto, nos instrumentais interventivos, independente de quais eles sejam e da coerência teórica na sua utilização.

O *terceiro ponto* importante de ser abordado é como lidar, profissionalmente, com a marcante intermediação de valores na prática assistencial. Assim também, dado o reconhecimento da relevância dos valores religiosos na sua execução, como qualificar os alunos, para atuarem assistencialmente?

Para avançar neste debate é importante considerar, no entanto, que a atividade assistencial, em si, é agregadora de valor. Os valores agregados são, exclusivamente, oriundos da religião. No entanto, quaisquer que eles sejam, precisam estar em concordância com as crenças individuais de cada profissional. Ao que foi visto, dados os vínculos ideais existentes entre as práticas assistenciais religiosas e profissionais, as primeiras servem de parâmetro — através dos valores, conceituações, princípios etc. — para as segundas.

Esta argumentação é um dado explicativo para a grande maioria dos assistentes sociais — entre 70% e 80% — que foram socializados em ambientes religiosos. Estes percebem a atividade do atendimento como um processo de "ajuda", no qual o caritativismo, o amor ao próximo, os bons sentimentos são partes inerentes à tarefa executada.

Uma outra parcela de assistentes sociais também socializados em famílias religiosas agregam não só valores religiosos, mas também políticos e cívicos à profissão. Para estes, valores como justiça social, igualdade social, solidariedade etc. são parte da tarefa de "ajuda", tendo conotações políticas ou religiosas, conforme a situação apresentada. Por vezes, o caráter político pode ter preponderância; em outras situações, são os valores religiosos que falam mais alto.

Uma minoria agrega ao Serviço Social, exclusivamente, valores políticos e cívicos. O atendimento, na forma de "ajuda", visa fortalecer princípios políticos de ampliação da democracia, a luta em favor de determinados grupos sociais, a afirmação de direitos e da cidadania etc.

Ambas, no entanto — religião e política —, identificam-se como éticas da convicção e não como éticas da responsabilidade.

Na medida em que estes valores passam a ser parte constitutiva do fazer profissional, esta prática assume uma estrutura que exprime os valores que lhe são implícitos. Há, então, uma retro-alimentação: práticas com valores religiosos atraem para a profissão aqueles mais afinados com este ideário religiosso. Estes, por sua vez, imputam a elementos da prática assistencial uma conotação religiosa. O conjunto e a resultante destes elementos agregados fornece, à assistência social, uma identidade religiosa que permanece, atraindo aqueles mais afinados com a religião. Ao que foi identificado, por meio dos dados apresentados neste estudo, este é o mecanismo que tem operado na afirmação da imagem profissional.

Os dados obtidos de alunos mostraram, inclusive, que o Serviço Social continua sendo capaz de atrair um contingente de alunos com características de participação e de auto-identificação com o ideário religioso superior ao da média de outras carreiras. Esta não foi uma característica percebida, exclusivamente, entre os que mais recentemente entraram na profissão, mas como um dado de continuidade, que peculiariza a opção pela profissão.

A competência profissional do Serviço Social, neste sentido, refere-se à racionalização da "ajuda social", ou seja, o desenvolvimento de técnicas, recursos e saberes que possibilitem o seu aprendizado. Pode-se estranhar tais afirmações, uma vez que parece ser um contra-senso o "ensino da ajuda". No entanto, como espaço de pessoalização, ou seja, ao instrumentalizar afetos e valores, a atividade assistencial permite, ao fim e ao cabo, que, mesmo tendo o assistente social pouco preparo para o exercício de uma ação técnica, ainda assim, ele termina por desempenhar sua atividade.

O *quarto e último ponto* refere-se à busca, por parte da literatura profissional, para reconhecer o campo dos valores e das crenças como próprio da ação assistencial. A literatura internacional iniciou um processo neste sentido. Como pode ser notado, no entanto, as fronteiras entre o "científico" e o "teológico", em muitos casos, estiveram muito pouco demarcadas. Há de se avançar muito ainda para que sejam evitados, de um lado, o mito da neutralidade e, de outro, a afirmação exclusivista de uns valores sobre outros.

O debate sobre o reconhecimento cultural faz-se, então, absolutamente necessário, para o encaminhamento desta questão. Para a prática assistencial, este debate não tem interesse apenas teórico, mas prático. Afinal, como proceder diante da diversidade cultural com que os trabalhadores sociais se deparam? Partir sempre tendo por suposto que são os valores profissionais que precisam ser afirmados? Reconhecer a diferença, partindo do entendimento do usuário, sem juízos de valor preconcebidos? Aceitar que uma ou outra alternativa podem ser viáveis e igualmente profissionais? Como foi visto, há urgência para que se enfrentem tais questões, quando se discute a intermediação dos valores na prática profissional.

Vale notar que se aqui a religião foi o ponto central da argumentação, outros temas já tinham sido apresentados, na Introdução, como carentes do mesmo tratamento que se reivindica para a religião. Dado que não é só a religião que agrega valor à prática profissional torna-se necessário também que o debate seja ampliado, para a inclusão da origem social dos profissionais, sua identidade racial/étnica, sua preponderância sexista e a diversidade/pluralidade política inerente à formação profissional.

Todos estes temas podem ser trabalhados e aprofundados, com vistas à instrumentalização da prática profissional, a partir da discussão do reconhecimento cultural. Como lidar com a diferença, assegurando uma identidade profissional e parâmetros profissionais de atuação?

A negligência em considerar, nos estudos teóricos, a presença dos valores religiosos na prática assistencial como um dado objetivo tem resultado em que cada trabalhador, a seu modo, faz suas intermediações e expressa seus valores e preconceitos por não ter sido preparado para lidar com a questão. O caminho da profissionalização parece não apontar para a eliminação dos valores religiosos da assistência, mas para dar a eles um tratamento menos espontaneísta, encontrando os mecanismos para que não se tornem sinais de preconceito ou proselitismo.

A presença da religião nos serviços assistenciais pode ou não se tornar um problema. Tudo irá depender da forma como esta relação for tratada. Uma ação reflexiva sobre a sua presença na prática assistencial, uma maior regulamentação da prática e o início de formas de treinamento de como lidar com as "questões religiosas" que surgem no universo assistencial favorecerão que as respostas a estas questões não ocorram "ao gosto do profissional".

Dada a forma implícita que as relações entre religião e assistência são capazes de assumir, já que dependem, em grande parte, da fé do profissional e de sua capacidade de atribuir um sentido religioso ao seu proceder, parece ser mais proveitoso, para os que são contra, assim como para aqueles que são a favor, torná-la explícita, tornando-a pública e objeto de uma reflexão conjunta da categoria profissional, seja no Brasil ou em qualquer outro país.

Reconhecer que a prática assistencial possibilita largamente a mediação religiosa, seja pelo fato de esta ter características pessoalizadas, seja pelo fato de tratar diretamente com uma população composta por usuários que detêm um entendimento religioso do mundo, seja ainda por envolver temas fronteiriços entre "teoria" e "teologia", parece ser um avanço nesta direção.

O entendimento de que a presença dos princípios e valores religiosos no Serviço Social fez e faz parte de seus elementos mais intrínsecos era o ponto central deste estudo. Dada a enorme ausência de estudos nesta área, o desafio agora parece ser o de ampliar o conjunto de dados e perspectivas de análise sobre este objeto, além de se buscar a construção de novas metodologias e técnicas de trabalho.

O que se quer defender é o argumento de que os vínculos existentes entre a religião e o Serviço Social se estabeleceram desde suas origens, não só no Brasil, mas também no mundo, e que eles têm acompanhado o fazer profissional ao longo de todos os anos de sua existência. As modificações curriculares, a presença de teorias com supostos materialistas, como o marxismo e o positivismo, a presença ou ausência de técnicas interventivas, não afetaram, substantivamente, os vínculos existentes.

Bibliografia

ABBOTT, P. & WALLACE, C. *The sociology of the caring professions*. Great Britain, Taylor & Francis, 1990.

ABESS (ASSOCIAÇÃO BRASILEIRA DE ENSINO DE SERVIÇO SOCIAL). "A metodologia no Serviço Social". *Cadernos Abess*, n. 3, São Paulo, Cortez, 1989.

_____. "Formação profissional: trajetórias e desafios". *Cadernos Abess*, n. 7, São Paulo, Cortez, 1997.

ABRAMIDES, M. Beatriz C. & CABRAL, M. do Socorro Reis. *O novo sindicalismo e o Serviço Social. Trajetória de luta de uma categoria: 1978-1988*. São Paulo, Cortez, 1995.

ABREU, M. M. *Serviço social e a organização da cultura: perfis pedagógicos da prática profissional*. São Paulo, Cortez, 2002.

AGUIAR, Antonio G. de. *Serviço social e filosofia: das origens a Araxá*. 5. ed. São Paulo, Cortez, Universidade Metodista de Piracicaba, 1995.

AL-KRENAWI, A. & GRAHAM, J. R. "Islamic Theology and Prayer: relevance for social work practice". *International Social Work*, 43(3), pp. 289-304, 2000.

ALMEIDA, Anna Augusta de. *Possibilidades e limites da teoria do Serviço Social*. Rio de Janeiro, Francisco Alves, 1989.

AMATO-VON, Hemert, K. "Should Social Work Education address religious issues? Yes!". *Journal of Social Work Education*, 30 (1), pp. 7-11, 1994.

AMMANN, Safira Bezerra. *Ideologia do desenvolvimento de comunidade no Brasil*. 8. ed. São Paulo, Cortez, 1992.

AUSTIN, D. M. "Altruism". *Social Service Review*, 68(3), pp. 437-440, 1994. [Debate with Author]

BABLER, J. E. "A comparison of spiritual care provided by hospice social workers, nurses, and spiritual care professionals". *The Hospice Journal*, 12(4), pp. 15-25, 1997.

BACKX, Sheila de Souza. *Serviço Social: reexaminando sua história*. Rio de Janeiro, JC Editora, 1994.

BANKS, Sara. *Ethics and values in Social Work*. New York, Palgrave, 1995.

BARBOSA, Livia. *O jeitinho brasileiro*. Rio de Janeiro, Campus, 1992.

_____. *Igualdade e meritocracia: a ética do desempenho nas sociedades modernas*. Rio de Janeiro, Fundação Getúlio Vargas, 1999.

BARBOZA FILHO, R. *Tradição e artifício: iberismo e barroco na formação americana*. Belo Horizonte/Rio de Janeiro, UFMG/Iuperj, 2000.

BARROCO, M. L. S. *Ética e Serviço Social. Fundamentos ontológicos*. São Paulo, Cortez, 2001.

BASTOS, Maria Durvalina F. "Divergências político-ideológicas no processo de profissionalização do Serviço Social nos Estados Unidos". *Serviço social & Sociedade*, n. 27, São Paulo, Cortez, 1988.

BECVAR, Dorothy Stroh (ed.). *The family, spirituality, and Social Work*. London, Haworth Press, 1998.

BELLAH, R., et al. *Habits of heart: individualism and commitment in american life*. USA, University of California Press, 1985.

BHADURI, Reba. "Self-Determination: lesson to be learnt from social work practice in India". *British Journal of Social Work*, 22, pp. 187-191, 1992.

BIESTEK, F. P. *The casework relationship*. USA, Loyola University Press, 1957.

BORDIN, Luigi. *Marxismo e Teologia da Libertação*. Rio de Janeiro, Dois Pontos, 1987.

BOWPITT, G. *Secularisation and the origins of professional social work in Britain*. England, University College of Swansea, 1985. [Tese de Doutorado]

_____. *Social Work and Christianity*. Edinburgh, Handsel Press, 1989.

_____. "Evangelical Christianity, Secular Humanism, and the Genesis of British Social Work". *British Journal of Social Work*, 28, pp. 675-693, 1998.

_____. "Working with creative creatures: towards a Christian paradigm for social work theory, with some practical implications". *British Journal of Social Work*, 30, pp. 349-364, 2000.

BRAUNS, Hans-Jochen & KRAMER, D. *Social Work Education in Europe: a comprehensive description of social work education in 21 European countries*.

Mainz, Eigenverlag des Deutschen Vereins fur Offentliche und Private Fursorge, 1986.

BROOK, E. & DAVIES, A. *Women, the family and social work*. USA, Tavistock Publications, 1985.

BULLIS, Ronald K. *Spirituality in social work practice*. London, Taylor & Francis, 1996.

CAMARGO, Candido Procópio F. de. *Católicos, protestantes e espíritas*. Petrópolis, Vozes, 1973.

CANDA, E. R. "General implications of shamanism for clinical Social Work". *International Social Work*, 26(4), pp. 14-22, 1983.

_____. "Spirituality, religious diversity and social work practice". *Social Casework*, 69(4), pp. 238-247, 1988.

_____. "Conceptualising spirituality for Social Work: insights from diverse perspectives". In: *Social Thought*, 14, pp. 30-46, 1988a.

_____. "Religious content in Social Work Education". *Journal of Social Work Education*, 25, pp. 36-45, 1989.

_____. "An holistic approach to prayer for social work practice". *Social Thought*, 16(3), pp. 3-13, 1990.

_____. "Linking spirituality and Social Work: five themes for innovation". In: CANDA, E. R. (ed.). *Spirituality in Social Work: new directions*. London, Haworth Press, 1998.

CANDA, E. R. & FURMAN, L. D. *Spiritual diversity in Social Work Practice: the heart of helping*. New York, Free Press, 1999.

CANDA, E. R. & PHAOBTONG, T. "Buddhism as a support system for Southeast Asian refugees". *Social Work*, 37, pp. 61-67, 1992.

CARRARA, V. A. *Serviço Social e Teologia da Libertação: em busca da transformação social*. Juiz de Fora, Escola de Serviço Social, 1999. [Dissertação de Mestrado]

CARROL, M. M. "Spirituality and Clinical Social Work: implications of past and current perspectives". *Aretê*, 22(1), pp. 25-33, 1997.

_____. "Social Work's Conceptualization of Spirituality". In: CANDA, E. R. (ed.). *Spirituality in Social Work: new directions*. London, Haworth Press, 1998.

CARVALHO, Raul de & IAMAMOTO, Marilda V. *Relações sociais e Serviço Social*. São Paulo, Cortez, 1982.

CASTEL, Robert. *As metamorfoses da questão social: uma crônica do salário*. Petrópolis, Vozes, 1998.

CASTRO, Manuel M. *História do Serviço Social na América Latina*. 2. ed. São Paulo, Cortez/Celats, 1987.

CAVALCANTI, Maria Laura V. C. *O mundo invisível: cosmologia, sistema ritual e noção de pessoa no Espiritismo*. Rio de Janeiro, Zahar editores, 1983.

CBCISS (Centro Brasileiro de Cooperação e Intercâmbio de Serviços Sociais). *Teorização do Serviço Social: documentos de Araxá, Teresópolis e Sumaré*. 2. ed. Rio de Janeiro, Agir/CBCISS, 1986.

CHRISTIE, A. "Is Social Work a 'non-traditional' occupation for men?". *British Journal of Social Work*, 28, pp. 491-510, 1998.

CHU, K. F. & CAREW, R. "Confucianism: its relevance to social work with chinese people". *Australian Social Work*, 43(3), pp. 3-9, 1990.

CLARK, J. "Should Social Work Education address religious issues? No!". *Journal of Social Work Education*, 30(1), pp. 12-15, 1994.

CONSTABLE, R. T. "Values, religion and Social Work practice". *Social Thought*, 9 (4), 29-41, 1983.

CORNETT, C. Toward a more comprehensive personology: integrating a spiritual perspective into social work practice. *Social Work*, 37(2), pp. 1-3, 1992.

COUTINHO, C. N. *O estruturalismo e a miséria da razão*. Rio de Janeiro, Paz e Terra, 1972.

CREE, V. E. *Social Work: a Christian or Secular discourse?* Edinburgh, University of Edinburgh,1996.

CRIMEEN, K. & WILSON, L. "Economic Rationalism or Social Justice: a challenge for social workers". *Australian Social Work*, dec. 50(4), 47-52, 1997.

CROMPTON, M. *Children, spirituality, religion and Social Work*. England, Ashgate/Arena, 1998.

DA MATTA, R. *A casa e a rua: espaço, cidadania, mulher e morte no Brasil*. Rio de Janeiro, Rocco, 2000.

_____. *O que faz o Brasil, Brasil?*. Rio de Janeiro, Rocco, 2001.

DAMAZIO, Silvia F. *Da elite ao povo: advento e expansão do Espiritismo no Rio de Janeiro*. Rio de Janeiro, Bertrand Brasil, 1994.

DAVIES, M. *The essential Social Worker*. 3. ed. England, Arena, 1994.

DEBATES DO NER. *Religião, política e Ciências Sociais*, 2(2), pp. 37-64, 2001.

DELGADO, M. "Puerto Rican Spiritualism and the social work profession". *Social Casework*, 58(8), pp. 451-458, 1977.

DELTON, R. T. "The religiously fundamentalism family: training for assessment and treatment". *Journal of Social Work Education*, 26(1), pp. 6-14, 1990.

DEREZOTES, D. S. "Spirituality and religiosity: neglected factors in social work practice". *Aretê*, 20(1), pp. 1-15, 1995.

DEREZOTES, D. & EVANS, K. "Spirituality and religiosity in practice: in-depth interviews of social work practitioners". *Social Thought*, 18(1), pp. 39-56, 1995.

DIEESE (Departamento Intersindical de Estatística e Estudos Socioeconômicos). *Serviço Social: trajetória e perspectivas*. Rio de Janeiro, Dieese, 1995 (mimeo.).

DUDLEY, J. & HELFGOTT, C. "Exploring a place for spirituality in the social work curriculum". *Journal of Social Work Education*, 26, pp. 287-294, 1990.

EJAZ, Frida K. "Self-determination: lesson to be learned from social practice in India". *British Journal of Social Work*, 21, pp. 127-143, 1991.

ELIAS, Norbert. *Mozart: sociologia de um gênio*. Rio de Janeiro, Zahar, 1995.

ELSTER, J. *Marx hoje*. Rio de Janeiro, Paz e Terra, 1989.

FERNANDES, Rubem César. *Governo das almas: as denominações evangélicas no Grande Rio*. Rio de Janeiro, Iser, 1992.

_____. *Novo nascimento: os evangélicos em casa, na Igreja e na política*. Rio de Janeiro, Iser, 1996.

FRIEDMAN, B. D. "Two concepts of charity and their relationship to Social Work practice". *Social Thought*, 21(1), pp. 3-18, 2002.

FURMAN, L. *An integration of religion and spirituality into Social Work practice: an emerging trend for the new century*. USA, 2000. (mimeo)

FURMAN, L. E. & FRY, S. "Clerics and social workers: collaborators or competitors?". *Aretê*, 24(1), pp. 30-39, 2000.

FURMAN, L.; BENSON, P. W.; GRIMWOOD, C. & CANDA, E. *Religion and spirituality in social work education and direct practice at the millennium: a survey of UK social workers*. Unpublished, 2002.

GATZA, M. "The role of healing prayer in the helping professions". *Social Thought*, Spring, pp. 3-13, 1979.

GENTILLI, R. M. L. "Padrões de profissionalidade da prática do Serviço Social". *Debates Sociais*, n. 59, ano XXXVI, pp. 63-103, 2001. [Número Especial — Prêmio CBCISS Araxá 30 anos]

GIARCHI, G. G. & LANKSHEAR, G. "The eclipse of Social Work in Europe". *Social Work in Europe*, 5(3), pp. 25-36, 1998.

GIDDENS, A. *Capitalismo e moderna teoria social*. 5. ed. Rio de Janeiro, Presença, 2000.

GIUMBELLI, Emerson. *Em nome da caridade: assistência social e religião nas instituições espíritas*. Rio de Janeiro, Iser, v. 1 e 2, 1995. [Projeto Filantropia e Cidadania]

GORE, M. S. "A historical perspective of the Social Work profession". *The Indian Journal of Social Work*, 58(3), pp. 442-455, 1997.

GUERRA, Y. *A instrumentalidade do Serviço Social*. São Paulo, Cortez, 1995.

HAMILTON, Gordon. "Helping people — the growth of a profession". *Journal of Social Casework*, 24(8), pp. 291-299, 1948.

HAYNES, A. W.; EWEISS, M. M. I.; MAGEED, L. M. A. & CHUNG, D. K. "Islamic social transformation: considerations for the social worker". *International Social Work*, 40, pp. 265-275, 1997.

HERBERG, W. *Protestant-Catholic-Jew*. Garden City, Anchor, 1955.

HODGE, D. R. "Spiritual assessment: a review of major qualitative methods and a new framework for assessing spirituality". *Social Work*, 46(3), pp. 203-214, 2001.

_____. "Does Social Work oppress evangelical Christians? A 'new class' analysis of society and social work". *Social Work*, 47(4), pp. 401-414, 2002.

HOLANDA, S. B. de. *Raízes do Brasil*. 26. ed. São Paulo, Companhia das Letras, 1995.

HOLLAND, T. P. "Values, faith, and professional practice". *Social Thought*, 15(1), pp. 28-40, 1989.

HOOK, M. V.; HUGEN, B. & AGUILAR, M. *Spirituality within religious traditions in social work practice*. USA, Books/Cole, 2001.

H.-U. OTTO, A. S. "A new social service professionalism? The development of social work theory in German". *International Journal of Social Welfare*, n. 8, Oxford, Blackwell Publishers, 1999.

HUGEN, B. *Christianity and social work: readings on the integration of Christian faith and social work practice*. USA, North American Association of Christians in Social Work, 1998.

IAMAMOTO, Marilda V. *Renovação e conservadorismo no Serviço Social*. São Paulo, Cortez, 1992.

IARSKAIA-SMIRNOVA, Elena & ROMANOV, Pavel. "'A salary is not important here': the professionalization of social work in contemporary Russia". In: *Social Policy & Administration*, v. 36, n. 2, Oxford, Blackwell Publishers, April 2002.

ITO, Yoshiko. "Social Work development in Japan". *Social Policy & Administration*, 29(3), pp. 258-268, 1995.

IVERN, S. J. Francisco & BINGEMER, Maria Clara L. (org.). *Doutrina social da Igreja e Teologia da Libertação*. São Paulo, Loyola, 1994. [Coleção Seminários Especiais — Centro João XIII — 7]

JORDAN, Bill. *Invitation to Social Work*. UK, Basil Blackwell, 1984.

JOSEPH, M. V. "Religion and Social Work practice". *Social Casework*, 69(4), pp. 443-452, 1988.

JUDAH, E. H. "A spirituality of professional service: a sacramental model". *Social Though*, Fall, pp. 25-35, 1985.

KARSCH, U. M. S. *O serviço social na era dos serviços*. São Paulo, Cortez, 1987.

KEITH-LUCAS, A. "Some notes on Theology and social work". *Social Casework*, 41, pp. 87-91, 1960.

KEITH-LUCAS, Allan. *Giving and taking help*. USA, University of North Carolina Press, 1972.

KISSMAN, K. & MAURER, L. "East meets West: therapeutic aspects of spirituality in health, mental health and addiction recovery". *International Social Work*, 45(1), pp. 35-43, 2001.

KORNBECK, J. "Researching social work professionalism in the context of European integration". In: *Social Work in Europe*, 5(3), pp. 37-46, 1998.

LAIRD, J. "Sorcerers, shamans, and social workers: the use of the ritual in social work practice". *Social Work*, March-April, pp. 123-128, 1984.

LANDIM, Leilah. *Para além do mercado e do Estado? Filantropia e cidadania no Brasil*. Rio de Janeiro, Iser, 1993.

_____. "Women and philanthropy in Brazil: an overview". In: McCARTHY, K. D. (ed.). *Women, Philanthropy and Civil Society*. Indiana (USA), Indiana University Press, 2001.

LANDIM, Leilah & SCALON, Maria Celi. *Doações e trabalho voluntário no Brasil: uma pesquisa*. Rio de Janeiro, 7Letras, 2000.

LEIRA, A. "Concepts of caring: loving, thinking and doing". *Social Service Review*, 68(2), pp. 185-201, 1994.

LEVITT, M. "Sexual identity and religious socialisation". *British Journal of Sociology*, 46(3), pp. 529-536, 1995.

LINZER, N. "A Jewish philosophy of social work practice". *Journal of Jewish Communal Service*, 60(3), pp. 309-317, 1979.

LIYANAGE, M. H. "Buddhism and social work education". *Social Work and Development Newsletter*, n. 31, pp. 11-13, 1974.

LLOYD, M. "Dying and bereavement, spirituality and social work in a market economy of welfare". *British Journal of Social Work*, n. 27, pp. 175-190, 1997.

LOEWENBERG, Frank M. *Religion and social work practice in contemporary American society*. Columbia University Press, 1988.

LORENZ, W. *Social work in changing Europe*. New York, Routledge, 1994.

LOWE, R. *The Welfare State in Britain since 1945*. 2. ed. Great Britain, Macmillan, 1999.

LÖWY, Michael. *Romantismo e messianismo*. São Paulo, Perspectiva/Edusp, 1990. [Coleção Debates, 234]

_____. *Marxismo e Teologia da Libertação*. São Paulo, Cortez/Autores Associados, 1991. [Polêmicas de Nosso Tempo, 39]

_____. "Ética católica e o espírito do capitalismo: o capítulo da sociologia da religião de Max Weber que não foi escrito". *Cultura Vozes. Globalização: a vaca louca do capitalismo avançado*, n. 1, v. 92, ano 92, Petrópolis, Vozes, 1998.

MANNHEIM, Karl. *Ideologia e utopia*. 4. ed. Rio de Janeiro, Guanabara, 1986.

MARINHO, M. J. M. C. *Profissionalização e credenciamento: a política das profissões*. Rio de Janeiro, SENAI/DN/DPEA, 1986.

MARIZ, C.; FERNANDES, S. R. A. & BATISTA, R. "Os universitários da favela". In: ZALUAR, A. & ALVITO, M. (org.). *Um século de favela*. Rio de Janeiro, FGV, 1998.

MARSHALL, T. H. *Política social*. Rio de Janeiro, Zahar, 1967.

MARTY, M. E. "Social service: godly and godless". *Social Service Review*, n. 54, pp. 463-481, 1980.

MEINERT, R. G.; PARDECK, J. T. & MURPHY, J. W. (ed.). *Postmodernism, religion and the future of Social Work*. London, The Haworth Press, 1998.

MELLO, Guiomar N. de. *Magistério de 1° grau: da competência técnica ao compromisso político*. 2. ed. São Paulo, Cortez/Autores Associados, 1982. [Coleção Educação Contemporânea]

MESTRINER, Maria Luiza. *O Estado entre a filantropia e a assistência social*. São Paulo, Cortez, 2001.

MEYSTEDT, D. M. "Religion and the rural population: implications for Social Work". *Social Casework*, 65(4), pp. 219-226, 1984.

MIDGLEY, J. *Professional imperialism: Social Work in the third world*. London, Heinemann, 1981. [Studies in Social Policy and Welfare XVI]

MIDGLEY, J. & SANZENBACH, P. "Social Work, religion and the global challenge of fundamentalism. *International Social Work*, 32(4), pp. 273-87, 1989.

MIRANDA, O. (org.). *Para ler Ferdinand Tönnies*. São Paulo, Edusp, 1995.

MOREIRA, Martha Cristina Nunes. "Fundação Rockfeller e a construção da identidade profissional de Enfermagem no Brasil na Primeira República". *História, Ciência e Saúde*, Rio de Janeiro, Fiocruz, v. 5, n. 3, nov./fev. 1998-1999.

MORSE, R. M. *O espelho do próspero: cultura e idéias nas Américas*. São Paulo, Companhia das Letras, 1988.

MOSS, B. "Spirituality: a personal perspective". In: THOMPSON, N. (ed.). *Loss and grief: a guide for human services practitioners*. Great Britain, Bristol, 2002.

MOTA, A. E. *O feitiço da ajuda: as determinações do serviço social na empresa*. São Paulo, Cortez, 1985.

NETTO, José Paulo. "O serviço social e a tradição marxista". *Serviço Social & Sociedade*, n. 30, São Paulo, Cortez, pp. 89-102, 1989.

_____. *Ditadura e serviço social*. São Paulo, Cortez, 1991.

_____. *Capitalismo monopolista e serviço social*. São Paulo, Cortez, 1992.

_____. "A construção do projeto ético-político contemporâneo". In: *Capacitação em serviço social e política social*. Brasília, Cead/ABEPSS/CFESS, 1999. [Módulo 1]

NISBET, Robert. "Conservantismo". In: BOTTOMORE, T. & NISBET, R. (org.). *História da análise sociológica*. Rio de Janeiro, Zahar, 1980.

NOVAES, Regina. "Religião e política: sincretismos entre alunos de ciências sociais". *Cadernos do Iser*, n. 45, pp. 62-74, 1994.

_____. *Pobreza e trabalho voluntário: estudos sobre a ação social católica no Rio de Janeiro*. Rio de Janeiro, Iser, 1995.

OLDRICH, Chytil. "Social Work in the Czech Republic". *Social Work in Europe,* 5(3), 48-55,1998

ORME, J. "Feminist social work". In: ADAMS, Robert; DOMINELLI, Lena & PAYNE, Malcom. *Social Work: themes, issues and critical debates.* 2. ed. Great Britain, Palgrave: The Open University, 2002.

PARRY, Noel & PARRY, José. "Social work, professionalism and the state". In: PARRY, Noel; MICHAEL, Rustin & SATYAMURTI, Carole (ed.). *Social Work, welfare and the state.* London, Edward Arnold, 1979.

PATEL, N.; NAIK, D. & HUMPHRIES, B. (ed.). *Visions of reality. Religion and ethinicity in social work.* London, CCETSW, 1998.

PAVÃO, Ana Maria Braz. *O princípio da autodeterminação no serviço social: uma visão fenomenológica.* São Paulo, Cortez, 1988.

PAYNE, M. *Modern social work theory: a critical introduction.* Great Britain, Macmillan, 1991.

PESQUISA NACIONAL DE EMPREGO (PNE). Rio de Janeiro, IBGE, 1996.

PESSANHA, E. & VILLAS BOAS, G. (org.). *Ciências Sociais: ensino e pesquisa na graduação.* Rio de Janeiro: JC editora, 1995. [Série Ciências Sociais, 2]

PHILPOT, T. *Social Work: a Christian perspective.* Australia, Albatross Books Pty, 1986.

PIERUCCI, Antônio Flávio. "Secularização segundo Max Weber". In: SOUZA, Jessé (org.). *A atualidade de Max Weber.* Brasília, Editora UnB, 2000.

PIERUCCI, Antônio Flávio & PRANDI, Reginaldo. *A realidade das religiões no Brasil: religião, sociedade e política.* São Paulo, Hucitec, 1996.

POLANYI, K. *A grande transformação: as origens de nossa época.* 2. ed. Rio de Janeiro, Campus, 2000.

PONTES, R. N. *Mediação e Serviço Social.* São Paulo, Cortez, 1995.

POUGY, Lilia G. *Desafios da formação profissional do assistente social: o caso da escola de Serviço Social da UFRJ.* Rio de Janeiro, ESS/UFRJ, 1993. [Dissertação de Mestrado]

PRICE, S. "Has something changed? Social work, pastoral care, spiritual counseling and palliative care". *Progress in Palliative Care,* 9(6), pp. 244-246, 2001.

PUTNAM, R. D. *Comunidade e democracia: a experiência da Itália Moderna.* Rio de Janeiro, Fundação Getúlio Vargas, 1996.

QUIROGA, Consuelo. *Invasão positivista no marxismo: manifestações no ensino da metodologia no serviço social.* São Paulo, Cortez, 1991.

RAMIREZ, B. R. "Hispanic Spirituality". In: *Social Though*. Summer, pp. 7-13, 1985.

RANGEL, Angela M. Hygino. *Serviço social: uma profissão feminina?* Estudo junto às assistentes sociais no Município do Rio de Janeiro. Rio de Janeiro, Centro de Ciências Sociais/Depto. de Serviço Social, PUC-Rio, 1983. [Dissertação de Mestrado]

REESE, D. J. & BROWN, D. R. "Psychosocial and spiritual care in hospice: differences between nursing, social work and clergy". *The Hospice Journal*, 12(1), pp. 29-41, 1997.

REGNERUS, M. D.; SMITH, C. & SIKKINK, D. "Who gives to the poor? The influence of religious tradition and political location on the personal generosity of Americans toward the poor". *Journal for the Scientific Study of Religion*, 37(3), pp. 481-493, 1998.

RICE, S. "Magic happens: revisiting the spirituality and social work debate". *Australian Social Work*, 55(4), pp. 303-311, 2002.

RIOS, Terezinha Azerêdo. *Ética e competência*. 11. ed. São Paulo, Cortez, 2001. [Questões da Nossa Época, 16]

ROOF, W. C. *Spiritual marketplace*. UK, Princeton University Press, 2001.

ROUSSEAU, J. J. *Do contrato social*. 2. ed. São Paulo, Abril Cultural, 1978. [Os Pensadores]

RUSSEL, R. "Spirituality and religion in graduate social work education". In: CANDA, E. R. (ed.). *Spirituality in Social Work: new directions*. London, Haworth Press, 1998.

SALOMON, E. C. Humanist Values and Social Casework. *Social Casework*, n. 48 (jan.), pp. 21-32, 1967.

SANTOS, Leila Lima. *Textos de serviço social*. 5. ed. São Paulo, Cortez, 1993.

SANZENBACH, P. "Religion and Social Work: it's not simple". *Social Casework*, 70(9), pp. 571-5, 1989.

SCOURFIELD, J. B. "Reflections on gender, knowledge and values in social work". *British Journal of Social Work*, n. 32, pp. 1-15, 2002.

SERMABEIKIAN, P. "Our clients, ourselves: the spiritual perspective and social work practice". *Social Work*, 39, pp. 178-193, 1994.

SERRA, R. M. S. *Crise de materialidade no serviço social: repercussões no mercado profissional*. São Paulo, Cortez, 2000.

SHERIDAN, M. J.; WILMER, C. M. & ATCHESON, L. "Inclusion of content on religion and spirituality in the social work curriculum: a study of faculty views". *Journal of Social Work Education*, 30(3), pp. 363-376, 1994.

SHERIDAN, M.; BULLIS, R.; ADCOCK, C.; BERLIN, S. & MILLER, P. "Practitioners personal and professional attitudes and behaviours towards religion and spirituality: issues for Social Work education and practice". *Journal of Social Work Education*, 28(2), pp. 190-302, 1992.

SHETTY, Lata. "Professionalisation of social work in United States and India". *The Indian Journal of Social Work*, 57(2), pp. 259-275, 1996.

SILVA e SILVA, M. O. da. *Formação profissional do assistente social*. São Paulo, Cortez, 1994.

_____ (org.). *O Serviço Social e o popular: resgate teórico-metodológico do projeto profissional de ruptura*. São Paulo, Cortez, 1995.

SILVA, Dayse de Paula M. da. *Perspectiva profissional e de constituição em família em mulheres universitárias*. Rio de Janeiro, IFCS/UFRJ, 1989. [Dissertação de Mestrado]

SILVA, Maria Lidia M. da. *Aproximação do serviço social à tradição marxista: caminhos e descaminhos*. São Paulo, PUC-Rio, v. 1 e 2, 1991. [Tese de Doutorado]

SILVA, N. V. & KOCHI, R. C. "Algumas observações sobre a graduação em Ciências Sociais e o laboratório de pesquisa social". In: PESSANHA, E. & VILLAS BOAS, G. (org.). *Ciências sociais: ensino e pesquisa na graduação*. Rio de Janeiro: JC Editora, 1995. [Série Ciências Sociais, 2]

SIMIONATTO, I. *Gramsci: sua teoria, incidência no Brasil, influência no Serviço Social*. São Paulo, Cortez/UFSC, 1995.

SIMÕES, P. *Serviço social e ethos religioso*. Rio de Janeiro, Escola de Serviço Social, 1997. [Dissertação de Mestrado]

_____. *Perfil dos alunos de Serviço Social — 1999*. Rio de Janeiro, Faperj, ESS/UFRJ, 2000a. [mimeo.]

_____. *Serviço Social em dados: X Congresso Brasileiro de Assistentes Sociais*. Rio de Janeiro, ESS/UFRJ, 2002. [mimeo.].

SIPORIN, M. "Contribution of religious values to social work and the law". *Social Thought*, 12, pp. 40-41, 1986.

SOUZA, Jessé de (org.). *O malandro e o protestante: a tese weberiana e a singularidade cultural brasileira*. Brasília: Editora UnB, 1999.

_____ (org.). *A atualidade de Max Weber*. Brasília, Editora UnB, 2000.

_____ (org.). *A modernização seletiva: uma reinterpretação do dilema brasileiro*. Brasília, UnB, 2000a.

_____. *A construção social da subcidadania*. Rio de Janeiro/Belo Horizonte, Iuperj/Editora UFMG, 2003.

SPENCER, S. "Religion and Social Work". *Social Work*, 1 (July), pp. 19-26, 1956.

_____. "Religion and spiritual values in Social Work practice". *Social Casework*, 38, pp. 519-26, 1957.

_____. "What place has religion in social work education?". *Social Service Review*, 35, pp. 161-170, 1961.

SPOSATI, Aldaísa. et. al. *Assistência na trajetória das políticas sociais brasileiras: uma questão em análise*. São Paulo, Cortez, 1985.

TOCQUEVILLE, A. de. *A democracia na América*. 2. ed. São Paulo/Belo Horizonte, Edusp/Itatiaia, 1987. [Biblioteca de Cultura Humanista, 4]

TORRES, Iraildes C. *As primeiras-damas e a assistência social: relações de gênero e poder*. São Paulo, Cortez, 2002.

UNGERSON, C. *Gender and caring: work and welfare in Britain and Scandinavia*. Great Britain, Billing and Sons, 1990.

VASCONCELOS, Ana Maria de. *Tendências da prática profissional dos assistentes sociais na atenção à saúde no município do Rio de Janeiro*. Rio de Janeiro, ESS/UFRJ, v. 1 e 2, 1999. [Tese de Doutorado]

VASCONCELOS, Eduardo Mourão. *Saúde mental e serviço social: o desafio da subjetividade e da interdisciplinaridade*. São Paulo, Cortez, 2000.

_____. "A proposta de *empowerment* e sua complexidade: uma revisão histórica na perspectiva do serviço social e da saúde mental". *Serviço Social & Sociedade*, n. 65, São Paulo, Cortez, 2001.

VERDÈS-LEROUX, Jeannine. *Trabalhador social: práticas, hábitos*, ethos *e formas de intervenção*. São Paulo, Cortez, 1986.

VIANNA, Luiz Werneck. *A revolução passiva: iberismo e americanismo no Brasil*. Rio de Janeiro, Revan, 1997.

_____. *Liberalismo e sindicato no Brasil*. 4. ed. Belo Horizonte, Editora UFMG/Humanitas, 1999.

VIANNA, L. W.; CARVALHO, M. A. & MELO, M. P. C. "Cientistas sociais e vida pública". *Dados*, 37(3), pp. 351-529, 1994. [Número Especial].

VIEIRA, A. C. S.; SÁ, J. L. M. & SILVA, L. M. M. R. "A construção do conhecimento do Serviço Social no Brasil — Serviço Social: solução cristã para um mundo em crise (1936-1947)". *Cadernos Verdes*, n. 226, ano XXI, Rio de Janeiro, CBCISS, 1989.

VIEIRA, Balbina O. *Serviço Social: processos e técnicas*. Rio de Janeiro, Agir,1969.

_____. *História do Serviço Social*. 4. ed. Rio de Janeiro, Agir, 1985.

VIEIRA, Balbina O. *Serviço Social: precursores e pioneiros*. Rio de Janeiro, Agir, 1984.

VIGILANTE, J. "Between values and science: education for the profession during a moral crisis or is proof truth?". *Journal of Education for Social Work*, 10(3), pp. 107-115, 1974.

WAKEFIELD, J. C. "Is altruísm part of human nature? Toward a theoretical foundation for the helping professions". *Social Service Review*, 67(3), pp. 406-459, 1993.

WALTER, T. & DAVIE, G. "The religiosity of women in the modern west". *British Journal of Sociology*, 49(4), pp. 640-660, 1998.

WALTON, R. G. *Women in social work*. London, Routledge & Kegan Paul, 1975.

WEBER, Max. *A ética protestante e o espírito do capitalismo*. 9. ed. São Paulo, Pioneira, 1994.

_____. *Economia e sociedade*. 3. ed. Brasília, Editora UnB, v. 1, 1994a.

WEISSAHAUPT, Jean Robert (org.). *As funções socioinstitucionais do serviço social*. 2. ed. São Paulo, Cortez, 1988.

WHITAKER'S ALMANACK. *Today's world in one volume*. London, A & C Black, 2003.

WILLIAMS, C. L. *Still a man's world: men who do "women's work"*. London, University of California Press, 1995.

GRÁFICA PAYM
Tel. (11) 4392-3344
paym@terra.com.br